JOHANNES DYBA

WORTE IN DIE ZEIT

Predigten · Ansprachen · Beiträge

Im Auftrag des
Bischöflichen Domkapitels
herausgegeben von
Werner Kathrein

VERLAG JOSEF KNECHT · FRANKFURT AM MAIN

Die Deutsche Bibliothek – CIP-Einheitsaufnahme
Dyba, Johannes:
Worte in die Zeit : Predigten, Ansprachen, Beiträge / Johannes Dyba. Im Auftr. des Bischöflichen Domkapitels hrsg. von Werner Kathrein. – Frankfurt am Main : Knecht, 1994
ISBN 3-7820-0700-X
NE: Kathrein, Werner [Hrsg.]

1. Auflage 1994. Printed in Germany.

Umschlaggestaltung: Atelier Warminski, Büdingen.
Gesamtherstellung: Wagner GmbH, Nördlingen.
Gedruckt auf alterungsbeständigem Papier
ISBN 3-7820-0700-X

INHALT

Sehr verehrter, lieber Herr Erzbischof,

am 15. September 1994 vollenden Sie Ihr 65. Lebensjahr. Seit mehr als einem Jahrzehnt sind Sie Bischof von Fulda. Das Domkapitel unserer Diözese überreicht Ihnen aus diesem Anlaß eine Auswahl Ihrer Ansprachen und Beiträge aus den Jahren Ihres bischöflichen Dienstes in der Diözese des heiligen Bonifatius. Wir möchten Ihnen damit für Ihr Wirken danken und auch dem Wunsch vieler Menschen nachkommen, Predigten und Ansprachen des Bischofs von Fulda in schriftlicher Form zur Verfügung zu haben.

Der Dienst des Bischofs ist neben dem Leitungs- und Heiligungsdienst vor allem auch Dienst am Wort. Sie haben sich diesem Auftrag gestellt und in großer Offenheit Ihr Wort in die Zeit gesprochen, die für Sie stetige Herausforderung und Auftrag ist. Sie haben keine Gelegenheit ausgelassen, Zeugnis abzulegen von dem Glauben und der Hoffnung, die in Ihnen leben (vgl. 1 Petr 3,15).

Sie haben dies in einer unverkennbaren und klaren Sprache getan. Gerade dafür sind Ihnen viele Menschen dankbar. Sie haben auch erfahren müssen, was es bedeutet, »gelegen oder ungelegen« den Dienst der Verkündigung zu leisten. Oftmals mußten Sie erleben, daß eine verkürzte oder entstellende Berichterstattung Ihre eigentliche Intention mißdeutete. Vielleicht kann diese Sammlung dazu beitragen, Ihre Botschaft und Ihr Anliegen objektiver und unmittelbarer zu den Menschen zu tragen.

Mit dem Dank für Ihr unermüdliches Wirken verbinden wir den Wunsch, daß der Herr Ihnen auch weiterhin Gesundheit, Kraft und Segen schenke für Ihren Dienst in der Kirche und an den Menschen.

Das Domkapitel
der Diözese Fulda
+ JOHANNES KAPP
Weihbischof und Domdechant

KINDER GOTTES SIND WIR

4. September 1983

Wie einem zumute ist, wenn einem gerade der Bonifatiusstab überreicht worden ist und man so in eine jahrhundertealte Tradition eintritt, kann man kaum beschreiben. Das kann man auch in keinem Konzept vorhersehen.

Das ist ja, als ob der Himmel der Kirchengeschichte sich plötzlich auftäte und der heilige Bonifatius selbst schaute herab – und hinter ihm die gewaltige Schar all der Gelehrten, der Helden und Heiligen, die sein Werk durch die Jahrhunderte fortgeführt haben. Da kann man schon erschrecken und sich fragen: wer bist du denn eigentlich, daß du jetzt hier stehst?

Wenn ich aber mitten in dieser geschichtsmächtigen Vision meinem unmittelbaren Vorgänger in die Augen schaue – der ja noch in Fleisch und Blut vor uns steht, der selbst den Bonifatiusstab durch seine Zeit getragen hat, der auf einem großen Konzil gesprochen, der Kirche als Gelehrter gedient und ihr in den Neuübersetzungen der Heiligen Schrift ein die Zeiten überdauerndes Werk hinterlassen hat, dann fasse ich Mut, dann lege ich die Hand an diesen Stab im Vertrauen auf den allbarmherzigen Gott: Er hat mich im Glauben durch Rom wie durch Holland geführt, Er hat mich den Kongo und die Pfefferküste überleben lassen – und dann hat Er mich plötzlich nach Fulda befördert, beinah wie Weiland Ezechiel, der ja auch am Schopf emporgehoben wurde, um an dem heiligen Ort zu landen, an dem er das Wort Gottes künden sollte.

Und so, meine lieben Brüder und Schwestern hier in

Fulda, ist mir Euer Bistum zu dem heiligen Ort geworden, an den der Herr mich gesandt hat.

Und es ist ja wahrhaftig ein heiliger Ort: Hier begann die Geschichte des Christentums für die deutschen Gaue östlich des Rheins. Erinnert Ihr Euch noch an das, was der Heilige Vater selbst vor knapp drei Jahren an dieser Stelle gesagt hat?: »Viele sagen, diese Geschichte neige sich jetzt ihrem Ende zu. Ich aber sage euch: die Geschichte des Christentums in eurem Land soll jetzt neu beginnen, und zwar durch euch!«

Damit ist die Aufgabe ganz klar umrissen, die jetzt vor uns steht. Was aber können wir tun, damit aus der Kälte wieder Wärme wird, aus dem Abstieg wieder Aufstieg und aus der Gleichgültigkeit wieder Begeisterung?

Das Konzil haben wir gehalten. Die Synoden auch, die Räte und Körperschaften sind konstituiert. Alle Zentralstellen, Planstellen, Leit- und Schaltstellen sind besetzt, von der Organisation her ist alles bestens vorbereitet – manchmal mehr als das –, und doch beschleicht uns oft das Gefühl einer gewissen Leere, als ob die Grundwasser sinken, als ob der ganze Boden, auf dem wir stehen, doch absackt, als ob da eigentlich der zündende Funke fehlt, der allein dem so gut organisierten Volk Gottes den letzten Impuls zum Aufbruch geben könnte.

Das ist es ja auch, was einem nach langen Jahren in der Dritten Welt bei der Rückkehr nach Deutschland so auffällt: Aus allen Leitungen kommt Wasser, überall gibt es Licht und Strom und Luxus, alle Leute sind satt und gut angezogen, jeder hat seine eigene Wohnung, sein eigenes Bett und fast jeder hat ein Auto. – Und trotzdem, bei all diesem im Vergleich zur übrigen Welt fast unglaublichen Wohlstand, bei dieser fabelhaften

Organisation: wie wenig wirklich glückliche Gesichter sieht man doch! Und wieviele unzufriedene, verbitterte und vor Angst zerstörte Gesichter. Und wie bestürzend ist es, zu sehen, wie wenig wir Christen uns abheben von dem allgemeinen Bild. Wir Kinder Gottes, die Erlösten, denen das Reich Gottes verheißen ist, wieviele verkrampfte und gleichgültige Gesichter gibt es auch bei uns. Ja, selbst bei den Jüngern Christi, den Priestern und Ordensleuten, gibt es doch zuviele, die eher kritisch die Stirn runzeln oder übermüdet abwinken, als durch das Leuchten ihres Gesichtes zu zeigen, daß der Finger Gottes sie berührt hat.

Liebe Brüder und Schwestern, ich werde nie vergessen, was mir in meinem ersten Priesterjahr einmal passiert ist, und zwar beim Religionsunterricht. Da ging es um die Eucharistie, daß der lebendige Gott wahrhaft gegenwärtig wird und wir ihm begegnen, ja uns mit ihm vereinen können. Nun ja, im ersten Priesterjahr ist man noch ganz frisch, spricht man mit einer gewissen Begeisterung und so habe ich mich dann wohl auch ziemlich angestrengt und alles versucht, daß da etwas überspringt. Jedenfalls meldet sich da am Ende der Stunde ein Junge, so 14 Jahre, und sagt: Ja, Herr Kaplan, wenn das wirklich alles wahr ist, was Sie da sagen – ja? –, daß Gott selbst bei uns ist und sogar in uns ist – ja? – ja, also dann verstehe ich eins nicht, dann versteh ich nicht, wieso die Priester nicht alle verrückt werden vor Freude!

Wieso werden wir eigentlich nicht alle verrückt vor Freude? Wenn das, was wir künden, wirklich wahr ist – wenn das, was wir tun, Wirklichkeit ist, müßte diese wunderbare Wirklichkeit uns nicht von Grund auf verändern?

Wenn Gott uns so nah ist – nein, verrückt wird Er uns

nicht machen, aber selbst der Hauch am Rande des ewigen innergöttlichen Freudensturmes müßte uns doch packen, uns emporheben, uns so mit Freude erfüllen, daß das doch nicht einfach unbemerkt im Alltag verlaufen kann. Er ist da! Das muß uns doch zum Strahlen bringen – und nicht nur uns Priester, sondern alle, die dem lebendigen Gott begegnen.

Wenn Gott mich erschaffen hat, wenn Er mich erlöst hat, wenn Er mir die ewige Seligkeit bereitet, darf Er dann nicht erwarten, daß ich mich wenigstens darüber freue? Begreifen wir eigentlich, welch unglaublicher Undank das ist, wenn wir weiter so schwarzgallig und miesepetrig auf seiner schönen Erde herumlaufen?

Kinder Gottes sind wir, von Ihm gewollt, von Ihm geliebt – und was ist unsere Zukunft, unsere endgültige Bestimmung? Doch nichts anderes als die vollkommene Freude bei Gott, die ewige Seligkeit! Da sollten wir uns nicht freuen?

Hören wir Christus selbst: Das alles habe ich zu euch gesagt, auf daß meine Freude in euch bleibt und eure Freude vollkommen werde! Und darum nennen wir all das, was Er uns gesagt hat, ja auch die Frohbotschaft.

Meine lieben Brüder und Schwestern im Bistum Fulda, mit dieser Frohen Botschaft komme ich heute zu Euch, eine andere habe ich nicht. Ich bin so glücklich, da zu sein, ich bin so glücklich, daß Ihr da seid – von nun an wollen wir als Kinder Gottes zusammen glücklich sein: Das ist das ganze Programm.

Wir wollen der Welt zeigen, daß es möglich ist, auch in unserer Zeit glücklich zu sein – denn Er ist da.

Wir wollen der Welt zeigen, daß es möglich ist, in dieser unserer Kirche glücklich zu sein – denn es ist ja Seine Kirche, die Er uns geschenkt hat. Durch Seinen Geist getragen, steht sie durch die Jahrhunderte.

Damit wir aber in dieser Kirche miteinander glücklich sein können, müssen wir endlich einmal aufhören, dauernd auf ihr herumzuhacken. Diese Kirche, das Geschenk Gottes an uns, soll man lieben und achten. Sie ist ja, gerade auch heute, für so viele Völker ein Zeichen der Hoffnung – und für so manche Völker, deren Kultur in einer Krise, deren Wirtschaft im Schlamm steckt und deren Politik mit Kugeln und Stacheldraht gemacht wird –, das einzige Zeichen der Hoffnung und menschlicher Erlösung.

Wer dieser Kirche angehört durch die Taufe, wer dieser Kirche die Treue hält in lebendigem Glauben, der ist gezeichnet für das Gottesreich der ewigen Herrlichkeit. Und wenn wir über etwas in unserem Leben stolz und glücklich sein können, dann darüber, daß Gott uns in diese seine Familie gerufen hat. In ihr wollen wir unser Opfer bringen, für sie wollen wir in die Bresche springen, ihr wollen wir auch wieder einmal Hymnen singen – was wir ein wenig zu lange vergessen haben!

Das schließt nicht aus, daß wir miteinander alles tun, um auch ihre menschlichen Unvollkommenheiten immer wieder zu korrigieren und zu verbessern, was es zu verbessern gibt. Aber was unsere Kirche heute braucht, sind nicht so sehr Pharisäer, die sie dauernd auf die Probe stellen, nicht so sehr Schriftgelehrte, die sie dauernd kritisieren, nicht so sehr Tempelbeamte, die selbst das Allerheiligste nicht betreten und auch die anderen noch davon abhalten – nein, was diese Kirche braucht, sind vielmehr Jünger, die dem Herrn folgen mit der ganzen Hingabe ihrer selbst, Jünger, die einander lieben und in dieser Liebe Kirche bauen und Kirche bilden in unserer Zeit. Was diese Kirche braucht, sind Heilige – viele kleine und, so Gott will, auch ein paar große –, die ihr den Weg weisen. Was diese Kirche braucht, sind wir, Menschen wie du und ich, Kinder Gottes, die sich freuen, im Schifflein Petri zu sitzen, auch und gerade, wenn es einmal stürmisch wird, die dann nicht gleich vom Untergang jammern, weil sie ja wissen, Gott der Allmächtige ist mit uns, alle Tage, bis an das Ende der Welt.

Wie hatte der Heilige Vater gesagt? »Die Geschichte des Christentums in eurem Land soll jetzt neu beginnen und zwar durch euch, durch euer Zeugnis im Geist des heiligen Bonifatius!«

Das ist keine leichte Aufgabe, da wollen wir uns nichts vormachen. Das ist ein Aufbruch, bei dem uns der Wind ins Gesicht bläst, ein Aufbruch gegen sinkende Zahlen und sinkenden Mut – stromaufwärts! Aber wir haben ja gesehen, wo wir die Kraft für diesen Kurswechsel finden: sie liegt schon in uns verborgen.

Wenn wir uns nur dessen bewußt werden, daß wir Kinder Gottes sind, wenn wir nur einmal wirklich begreifen, was das heißt, von Ihm gewollt, von Ihm geliebt, von Ihm gerufen zu sein, dann haben wir endlich den Schatz entdeckt, den Er für uns verborgen hat. Und was tat der Mann, als er den Schatz im Acker fand? Christus selbst sagt es uns: Voll Freude ging er hin, verkaufte alles, was er hatte, und kaufte den Acker. So fassungslos vor Freude ist er, daß es ihm gar nicht mehr schwerfällt, daß es ihm gar nicht mehr weh tut, all den übrigen Krempel dranzugeben – denn er hat ja das Ganze gefunden, das Große, die Fülle, den Sinn seines Lebens, die Freude, die jetzt anfängt und nie mehr aufhört in Ewigkeit. Diese Freude trägt, diese Freude gibt uns die Kraft, die Geschichte des Christentums neu zu beginnen, von dieser heiligen Stätte aus, dem Grab des heiligen Bonifatius.

Ihr habt alle sein Grabmal gesehen. Das sieht doch

aus, als habe er ein Signal gesehen, als habe er selbst die Worte des Papstes gehört und wolle nun hervorkommen, um bei diesem Neuanfang dabeizusein. Im Geiste ist er dabei – vor allem aber sind wir dabei, jeder einzelne von uns, denn keiner von uns ist zufällig hier, einen jeden hat Gott an diesen Ort und in diese Stunde gerufen. Ja, Ihr sollt dabeisein, wenn wir nun gemeinsam neu beginnen, auf daß der Geist des heiligen Bonifatius zu Ende des 2. Jahrtausends wieder neu aufbreche als der Geist von Fulda.

Dieser Geist der Freude an Gott und an der Kirche soll Euer Herz erfüllen, wenn Ihr morgen wieder heimkehrt in Eure Familien, an Eure Arbeitsplätze, in Euren Alltag. Die Freude der Kinder Gottes sollt ihr mitnehmen, wenn Ihr heimkehrt nach Kassel, nach Marburg, nach Hanau, nach Hünfeld und ins Freigericht, nach Eschwege und Amöneburg oder wohin auch immer ... Alle Orte unseres Bistums, selbst den kleinsten, sollt ihr anstecken mit dieser Freude – und das »anstecken« meine ich wörtlich – wie ein afrikanisches Buschfeuer soll die Freude der Kinder Gottes unser ganzes Bistum ergreifen und entflammen als das Signal zum großen Aufbruch. Und ein solches Freudenfeuer darf dann auch über die unnatürliche Grenze schlagen, die unser Bistum geteilt hat, und unsere Brüder und Schwestern im Eichsfeld und in Thüringen erfassen.

Fürchtet euch nicht! Wir sind ja nicht Kinder der Angst, die durch den sauren Regen in den Untergang marschieren. Wir sind Kinder Gottes, die aufbrechen in Sein Reich, in das Land des Friedens und der Gerechtigkeit, in das Land des Lebens, der Fülle und der Freude ohne Ende – denn Gott, unser Gott ist da!

ERST DIE BEKEHRUNG, DANN DER FRIEDE

24. September 1983

Woran mir liegt, ist, daß wir gleich am Anfang dieses »heißen« Herbstes einmal die Lage gemeinsam überschauen; daß Sie mir gestatten, ein paar Punkte, die ich für wichtig halte, hier vorzutragen. Gerade auch als Hirte, der verantwortlich und mitverantwortlich ist. Sie kennen ja sicher das Wort der Bischöfe zum Frieden »Gerechtigkeit schafft Frieden«, und das ist auch der erste der fünf Punkte, die ich Ihnen heute vorlegen möchte:

(1)

Friede ist nicht anders möglich denn als Frucht der Bekehrung. »Gerechtigkeit schafft Frieden« sagt in etwa dasselbe.

Ich möchte hinweisen auf das bekannte Friedensthema »Schmiedet Schwerter um zu Pflugscharen«, das ja besonders jenseits der Grenze aufgenommen worden ist. Dieses Thema ist aus Jesaia 2. Ich bin immer gern direkt am Text:

»Am Ende der Tage wird es geschehen: Der Berg mit dem Haus des Herrn ... zu ihm strömen alle Völker. Viele Nationen machen sich auf den Weg; sie sagen: Kommt, wir ziehen hinauf zum Berg des Herrn ... Er zeige uns seine Wege, auf seinen Pfaden wollen wir gehen.«

Also die Bekehrung der Völker zu Gott. Er zeigt den Weg. »Zu ihm strömen sie.« »Auf seinen Pfaden wollen wir gehen.« Und dann heißt es weiter:

»Dann schmieden sie Pflugscharen aus ihren Schwertern und Winzermesser aus ihren Lanzen.«

Man zieht nicht mehr das Schwert, Volk gegen Volk, und übt nicht mehr für den Krieg. Friede als Frucht der Bekehrung zu Gott. Als Frucht der Bekehrung des einzelnen haben wir den inneren Frieden – hier nun wird als Folge der Bekehrung der Völker zu Gott der allgemeine Friede verheißen. Wohlweislich in dieser Reihenfolge: erst die Bekehrung, dann der Friede. Das ist nicht umkehrbar. Da steht nicht, »schmiedet erst einmal ein paar Schwerter um zu Pflugscharen und dann wird der große Frieden ausbrechen«. Man muß sich also diese Texte, die wir in der Friedensarbeit verwerten, gut ansehen.

(2)

Da komme ich gleich zu einem weiteren Punkt, der auch mit der Heiligen Schrift zu tun hat und das ist der Einsatz der Bergpredigt für die Friedensarbeit. Da möchte ich eine Diskussion wiedergeben, die ich mit einer Studentengruppe in Bonn letztes Jahr hatte. Da hieß es: »Ja, Sie als Bischof, Sie sind doch sicher dafür, daß die Bergpredigt voll zum Tragen kommt.«

Ja, wenn die Bergpredigt voll zum Tragen kommen soll, dann dürfte es keine Abtreibung mehr geben. Dann dürfte es keine Pornographie mehr geben. Dann dürfte es viele Dinge, die wir heute haben, nicht mehr geben. Dann müßten wir eigentlich alle Heilige sein. »Na ja«, sagten diese Studenten, »dann wollen wir das einmal nicht so generell fassen und nicht so voll hineingehen, aber hier, wo steht, halte auch die andere Wange hin – die Stellen sind bekannt –, und wenn Dich einer eine Meile preßt, geh mit ihm weitere zwei, und wenn Dir einer den Rock nimmt, gib ihm auch den Mantel. Wir wollen also einmal nur diese Stellen herausnehmen.« »Gut«, sagte ich, also diese Stelle, wo es heißt, »halte auch die andere Wange hin«. Wer von Euch tut das in seinem persönlichen Leben? Nun kann man ja über die Jugend heute sagen, was man will. Eines aber kann man ihr nicht vorwerfen, daß sie nicht ehrlich wäre. Sie ist ehrlich, ehrlicher als einem manchmal lieb ist. Und da sagen Sie, »Gut, das geben wir zu. In unserem privaten und persönlichen Leben haben wir uns dazu noch nicht durchgerungen.«

Wie steht es dann im sozialen Leben? Nehmen wir wieder dieselbe Stelle der Bergpredigt: Nehmen wir einmal an, die Unternehmer sagen, mehr als vier Prozent sind nicht drin. Kommen dann die Gewerkschaften und sagen: »Ach was, vier Prozent, so wie die Dinge heute liegen, genügen zweieinhalb«? Unwahrscheinlich. Oder umgekehrt: Wenn die Gewerkschaften sagen: »Neun Prozent«, kommen dann die Unternehmer und sagen: »Das war doch ein gutes Jahr, und es steigt doch alles, deshalb zwölfeinhalb«? Nein, das geben wir auch zu. Von den politischen Parteien wollen wir erst gar nicht reden. Im sozialen Leben findet das auch nicht statt.

Und im internationalen Leben? Nehmen wir einmal an, die Amerikaner kommen und sagen, in der Pfalz wollen wir hundert Pershing-Raketen aufstellen. Bergpredigt! Gehen wir da hin und sagen: »Na, da ist ja jede Menge Platz, da könnt ihr 200 aufstellen«? Natürlich nicht, das wäre ja heller Wahnsinn. Also wie und wo wollen wir die Bergpredigt denn nun anwenden? Erst mal nur ein Stück, nur einen Teil aus der Bergpredigt, und auch der soll nicht gelten im persönlichen Leben, der gilt nicht im sozialen Leben, der gilt auch nicht im internationalen Leben etwa gegenüber den Amerikanern, sondern nur – wenn wir es einmal richtig durchdenken – gegenüber der Sowjetunion. Und das nenne ich *Mißbrauch der Bergpredigt*. Privat wenden wir sie nicht an. Wie es im Sozialen ist, haben wir gesehen. Im internationalen Bereich habe ich noch nie jemanden gesehen, der die Bergpredigt den Amerikanern gegenüber anwenden wollte, wohl aber gegenüber der Sowjetunion.

(3)

Und da kommen wir zu Punkt 3. Er betrifft die *Flucht vor der Wirklichkeit*, Flucht vor der Wirklichkeit in alle möglichen ideologischen Steckenpferde. Ich meine, wenn wir den Frieden anstreben, dann müßten wir die Wirklichkeit so nehmen, wie sie ist, wir dürfen nicht zu denen gehören, die die Fähigkeit der Wirklichkeit, sich der Theorie anzupassen, überschätzen. Nehmen wir ein Beispiel, gleich ein ganz heißes: Wir reden vom »Ost-West-Konflikt«. Und wir reden vom Wettrüsten. Und das sieht so aus: Das sind zwei Riesen, die aufeinander losgehen wollen, die sich beide hochschaukeln und überrüsten. Was ist denn nun eigentlich der Grund für die große Angst, für den großen Unfrieden in der Welt? Die Wirklichkeit ist die: Man darf sie heute kaum noch aussprechen: Wir haben da eine Großmacht, deren erklärte Doktrin und deren immer wieder wiederholte Intention es ist, die Welt zu erobern. Die Welt zu erobern nicht für irgendeine harmlose Geschichte, für den Vegetarismus oder so was, sondern die Welt zu erorbern im Namen einer gottlosen und geistlosen Ideologie, eines menschenverachtenden Systems. Das haben wir auf der einen Seite, das läßt sich gar nicht ableugnen, weil das ja immer wieder erklärt und immer wieder gezeigt wird. Wir haben auf der anderen Seite eine Großmacht, hochaufgerüstet, die das durch ihren atomaren Abwehrschirm verhindern will. Wir haben auf einer Seite eine Großmacht, die die Hälfte unseres Volkes hinter Mauer und Stacheldraht absperrt. Und wir haben auf der anderen Seite eine Großmacht, der wir unsere Freiheit und der wir unseren wirtschaftlichen Aufschwung verdanken; die Jüngeren hier wissen das nicht mehr, die Älteren wissen das sehr wohl. Ich meine, das kann man nicht vergleichen. Es ist zutiefst unwahr, wenn man so tut, als ginge es da um zwei gleichwertige Dinge. Es geht nicht um zwei gleiche Dinge. Es geht um eine Macht, die seit 1945 ein Volk nach dem anderen unterjocht und 1968 noch die Tschechoslowakei unterworfen hat. Und heute? Von Afghanistan brauche ich nicht zu reden, von Süd-Korea auch nicht. Man muß sich der Wirklichkeit stellen.

(4)

Ich komme damit zu Punkt 4. Der Punkt vier sollte eigentlich heißen: *»Fürchtet euch nicht.«* Ich möchte einleiten mit Lukas 12,4:

»Euch aber, meinen Freunden, sage ich: Fürchtet euch nicht vor denen, die den Leib töten, euch aber sonst nichts tun können. Ich will euch zeigen, wen ihr fürchten sollt: Fürchtet euch vor dem, der nicht nur töten kann, sondern die Macht hat, euch auch noch in die Hölle zu werfen. Ja, das sage ich euch: ihn sollt ihr fürchten.«

Bei der großen Angst, die heute die Welt erfüllt, müssen wir unterscheiden. Wir sehen, die große Angst besteht vor denen, die den Leib töten können. Wahre

Gottesfurcht existiert sehr wenig. Davor, daß Gott uns zur Verantwortung ziehen könnte, weil wir als Volk und Gesellschaft unseren Nachwuchs abschlachten, weil wir unsere Jugend der Pornographie ausliefern, weil wir von Gott abgefallen sind, weil wir habgierig und neidisch geworden sind, weil wir die wahre Begeisterung für Gott verloren haben, davor hat keiner Angst. Und deshalb möchte ich den heutigen Zustand eigentlich so markieren: *Jede Menge Angst und kein bißchen Gottesfurcht.*

Die Angst vor den Menschen, die Angst und die Feigheit sind keine christlichen Tugenden. Da können wir uns getrost etwa an Psalm 27 halten:

»Der Herr ist mein Licht und mein Heil: Vor wem sollte ich mich fürchten?

Der Herr ist die Kraft meines Lebens: Vor wem sollte mir bangen?

Mag ein Heer mich belagern: Mein Herz wird nicht verzagen.

Mag Krieg gegen mich toben: Ich bleibe dennoch voll Zuversicht.«

Was die Menschenfurcht angeht, da erfüllen wir ein Übersoll. Die Gottesfurcht aber wird vergessen. Glauben wir denn, wir könnten durch Raketenzählerei und durch irgendwelche äußeren Aktionen den Frieden herbeizwingen, wenn wir ihn nicht von Gott geschenkt bekommen, als Frucht unserer Hinwendung zu Gott? Wir dürfen, was Menschen angeht, ruhig mutig sein. Was Gott angeht, da sollten wir Furcht haben.

(5)

Damit komme ich zum fünften und letzten Punkt: *Was ist Friede Christi, was ist Pax Christi?* Das ist ein anspruchsvoller Auftrag. Den können wir nicht mit ein paar Aktionen und Demonstrationen erledigen.

Sie haben gehört, daß die Deutsche Bischofskonferenz erklärt hat, gegen demokratische Mehrheitsentscheidungen gibt es kein Widerstandsrecht. Ich halte es nicht für sinnvoll, wenn unsere katholischen Friedensfreunde auf allen möglichen Vehikeln Trittbrett fahren. Ich halte es nicht für sinnvoll, wenn sie sich, wie Kardinal Höffner es nannte, vor Karren spannen lassen, von denen man nicht weiß, wer sie lenkt. Und bei denen man im übrigen auch nicht weiß, wo sie hinfahren. Was ich aber sehen möchte, ist, daß sich die Mitglieder von Pax Christi aus dieser ganzen Grauzone zwischen grobem Unfug und Landfriedensbruch heraushalten. Das ist nicht unser Weg und das ist nicht unser Terrain. Wir haben eine viel größere Aufgabe. Nun werden Sie sagen, sag uns aber endlich einmal, was sollen wir denn nun machen. Ich glaube, wir können der Welt keinen größeren Friedensdienst leisten, als wirklich Christen zu sein, als wirklich der Welt zu zeigen, daß wir erst als Kinder Gottes untereinander Brüder werden. Solange wir nicht die Umkehr zu Gott vollzogen haben und uns als Kinder Gottes auffassen, gilt der alte römische Satz »homo homini lupus« (»Der Mensch ist des Menschen Wolf«) – wir sind dann alle Konkurrenten. Erst wenn wir die Umkehr zu Gott vollzogen haben, sind wir untereinander Brüder. Erst wenn die Völker die Umkehr zu Gott vollzogen haben – Jesaia ist da ganz klar –, können wir Brüder werden, können wir Frieden finden. Den Frieden werden wir von Gott als Geschenk erhalten, nicht durch »actio« und »actiones«, sondern durch »passio«, nämlich eine Leidenschaft für den Frieden. Denn wir können ihn nicht erzwingen. Das ist nicht machbar. Er kommt als Geschenk Gottes, als Frucht der Bekehrung. Das ist natürlich ein Weg, der viel anspruchsvoller ist, der viel härter ist, der viel mehr und viel Wesentlicheres von uns fordert: Wirklich Christ sein. Der Weg mag sehr schwer sein, aber es erleichtern uns diesen Weg – wenn wir einmal kirchenrechtlich sprechen – zwei »Dispensen«: Auf diesem Weg können wir uns dispensieren von allen kurzatmigen Initiativen und Aktionen, die irgendwelche schnellen Ergebnisse zeigen wollen. Wir können ruhig werden und uns auf das Wesentliche konzentrieren. Und zweitens können wir uns dispensieren von der Angst. Wir brauchen nicht von Angst angetrieben sein. Wenn wir Kinder Gottes sind, wissen wir darum, daß er der Herr der Geschichte ist, daß die Welt nicht eher in die Luft fliegt, als er es zuläßt.

In diesem Sinn möchte ich Ihnen zum Schluß ein Zitat zur Überlegung vorlegen, das im Neuen Testament steht, und zwar wieder bei Lukas:

»Es werden Zeichen sichtbar werden ... und auf der Erde werden die Völker bestürzt und ratlos sein ... Die Menschen werden vor Angst vergehen in der Erwartung der Dinge, die über die Erde kommen ...«

Und was sollen wir da nun tun? Auch das steht da:

»Wenn all das beginnt, dann richtet Euch auf und erhebt Eure Häupter, denn Eure Erlösung ist nahe« (Lk 21).

AUS GOTTES KRAFT BELASTUNGSPROBEN BESTEHEN

4. Oktober 1983

Die Ereignisse, die zur Bildung Ihrer Gemeinschaft geführt haben, liegen nun schon ungefähr 40 Jahre zurück. 40 Jahre – das ist eine ganze Generation. Und sicher haben Sie selbst das auch schon oft gespürt. Wenn Sie in den 50er Jahren etwa von Ihren Erfahrungen gesprochen haben, dann wußte eigentlich jeder, worüber Sie sprechen. Wenn Sie in den 80er Jahren davon sprechen, werden Sie immer häufiger erfahren, daß viele, ja sogar die 40jährigen, eigentlich nicht mehr recht wissen, worüber Sie sprechen. Daß man eigentlich erst vieles ergänzen und vorbereiten und erklären muß, um wirklich das Verständnis zu wecken für das, was damals geschehen ist. Sie können natürlich aus dem Schatz Ihrer Erfahrung die neue Generation belehren. Aber: Wie oft spüren wir, daß sie sich nicht gern belehren läßt, daß sie nicht gern Erfahrungen übernimmt. Wie oft spüren wir, wie wenig doch eigentlich jede neue Generation bereit ist, aus der Geschichte zu lernen. Aber da ist noch etwas anderes: Sie können mehr als die heutige Generation belehren. Sie können bezeugen. Sie können Zeugnis abgeben dafür, wohin Menschen kommen können, wenn sie sich von Gott lossagen, wenn sie sich gottlos und geistlos Ideologien verschreiben und ihnen folgen, auf welches Niveau Menschen sinken können, wenn sie ein menschenverachtendes System aufbauen. Gottlose Ideologien und menschenverachtende Systeme haben wir ja auch heute noch in der Welt. Sie können dafür Zeugen sein.

Aber Ihr Zeugnis geht ja noch weiter. Es braucht nicht nur ein negatives Zeugnis zu sein. Sie können auch dafür Zeugnis geben, daß Menschen aus Gottes Kraft die größten Belastungsproben bestehen können. Daß Menschen aus der Kraft Gottes dem Bösen Widerstand leisten können.

Da muß man heute schon vorsichtig sein, in einer Zeit eines groß aufgebauschten Pseudo-Widerstands, eines Pappmaché-Widerstands, einer Bewegung, die zum größten Teil aus Angst sich in Bewegung gesetzt hat, aufzuzeigen, was es heißt, dem Bösen Widerstand zu leisten aus der Kraft Gottes. Zeugen dieses Widerstandes sind Sie nun und Zeugen dafür, daß Gottes Liebe und Gottes Kraft größer ist, stärker ist als alle Scheußlichkeiten, die sich Menschen einfallen lassen können. Für dieses Zeugnis braucht Sie unsere Zeit. Dieses Zeugnis hat Sie nötiger denn je. Sie erinnern sich daran, wie der heilige Paulus über die Auferstehung schreibt: »Viele sind schon dahingegangen, aber viele sind auch noch unter uns und können dafür Zeugnis geben.«

Sie sind noch unter uns. Und für dieses Zeugnis, für diesen großen Dienst, den Sie der Kirche, den Sie den Menschen von heute leisten können, gibt es keine Altersgrenze und keine Pensionsgrenze. Den sollen, den müssen Sie leisten, bis ans Ende. Denn dieses Zeugnis soll weitergetragen werden durch die Generationen, damit nie vergessen wird, wohin Menschen fallen, wenn sie sich von Gott abwenden, und daß – selbst in den Zeiten größter Finsternis – Gott da ist. Gott, der Herr der Geschichte, bleibt. Gott in uns und in seiner Welt siegt.

WERTE AUFZEIGEN

13. Oktober 1983

Da ich heute die Ehre habe, vor den Gesetzgebern unseres Landes zu sprechen, darf ich vielleicht einige Worte zur Verantwortung des Gesetzgebers – vor Gott und den Menschen – sagen.

Die Gesetzgebung ist ja nicht ein Handwerk wie jedes andere. Mit dem, was Sie tun, greifen Sie ein in die Geschicke der Menschen, greifen Sie ein und bestimmen zu einem wesentlichen Teil die Entwicklung unserer Gesellschaft und unseres Volkes.

Mit den Gesetzen, die Sie machen, können Sie Ehe und Familie schützen oder preisgeben, können Sie Jugend fördern oder vogelfrei erklären für alle möglichen Geschäftemacher, können Sie gewachsene Kulturen auf dem Gebiet von Schule und Erziehung pflegen oder niederwalzen.

Mit den Gesetzen, die Sie machen, sollen Sie den Menschen ihre freie und volle Entfaltung ermöglichen. Mit den Gesetzen, die Sie machen, können Sie die Menschen aber auch in eine immer größere Abhängigkeit führen, ja sie in fortschreitendem Maße entmündigen und entwurzeln.

Früher galt es ja als sprichwörtliche Weisheit, »die Kirche im Dorf« zu lassen. Heute ist zwar die Kirche oft noch im Dorf, aber Schule und Rathaus hat man der Gemeinde genommen, natürliche Gemeinschaft der angeblich höheren Rentabilität und leichteren Regierbarkeit geopfert. Das ist ja nur ein Symptom für die Nivellierung und Entwurzelung, die auf geistigem und sittlichem Gebiet fortschreitet.

Da aber sind Sie, die Gesetzgeber, die sich nicht nur menschlichem Beifall, sondern Gott selbst verantwortlich wissen, unmittelbar betroffen: In einer Gesellschaft, die sich pluralistisch nennt, die also nur noch Meinungen kennen, aber keine absolute Wahrheit mehr anerkennen kann, sollen Sie die Ihnen anvertraute Wahrheit verkörpern.

In einer Gesellschaft, die sich permissiv nennt, die also nur noch Spielregeln kennen, aber keine höchsten und allgemein verpflichtenden sittlichen Werte mehr anerkennen kann, sollen Sie die Werte aufzeigen, die der hohen Berufung des Menschen entsprechen.

Wir stehen in einer Zeit, in der wir uns bewußt werden, daß wir durch alle möglichen Eingriffe, die dem Fortschritt dienen sollten, durch Flurbereinigung und Uferbefestigungen, durch Pflasterungen und Kanalisationen den Lebensraum der Pflanzen und Tiere schwer geschädigt haben. Die neue Gesetzgebung ist in Vorbereitung: Amsel, Drossel, Fink und Star sollen ihre natürliche Umwelt zurückerhalten.

Wäre es da nicht an der Zeit, auch einmal daran zu denken, was wir am Menschen gesündigt, am Menschen versäumt haben?

Denken Sie daran, welch hohen Rang das Gesetz in der christlich-abendländischen Tradition stets eingenommen hat – es war nicht anders denkbar denn als Partizipation am göttlichen Ordnungswillen, und nicht anders zu rechtfertigen denn als Artikulation eines in Gott begründeten ewigen Gesetzes in der jeweiligen geschichtlichen Situation.

Nietzsche sagt einmal: Was haben wir getan, als wir die Erde von der Sonne losgekettet haben? Müssen wir nicht heute fragen: Was haben wir getan, als wir die menschliche Ordnung von Gott losgekettet haben?

Wenn wir dem Menschen die Würde der Gotteskindschaft nehmen, machen wir ihn da nicht zum Freiwild für alle möglichen wirtschaftlichen und politischen Interessen, statt zum Subjekt, zum Objekt, auch für den Gesetzgeber? Denken Sie doch bei aller künftigen Gesetzgebung daran: Es darf nicht darum gehen, den Menschen erfaßbarer, berechenbarer, abhängiger, käuflicher oder regierbarer zu machen, sondern menschlicher, freier, sittlicher und glücklicher!

Wahrlich eine schwere Aufgabe und eine große Verantwortung. Aber Sie haben trotzdem keinen Grund, sich zu fürchten: Hinter Ihnen stehen zwei Jahrtausende christlicher Kultur, die dieses Land und diesen Kontinent geprägt haben. Hinter Ihnen steht die Frohbotschaft Christi selbst, von der es heißt: Himmel und Erde werden vergehen – um wieviel mehr die ideologischen Eintagsfliegen, die uns heute belästigen – Himmel und Erde werden vergehen, aber meine Worte werden nicht vergehen!

EIN NEUER ANFANG – GESCHENK DER GNADE GOTTES

1983

»Tuet Buße und bekehret euch, denn das Reich Gottes ist nahe.« Das war die erste Predigt, die unser Herr Jesus Christus gehalten hat, das ist der Kern seiner Botschaft, und das soll auch die Predigt sein, die ich euch heute hier halten möchte. Tuet Buße und bekehret euch, denn das Himmelreich ist nahe.

Warum ruft die Kirche zu Buße und Bekehrung – das klingt etwas hart – und auch der Bischof, der sonst eigentlich mehr Freude und Jubel der Kinder Gottes predigt? Auf einmal fängt er auch an mit Buße, mit Bekehrung. Warum eigentlich? Nun, weil wir eben nicht nur Kinder Gottes sind, sondern auch Sünder. Johannes, der Lieblingsjünger, der von der Liebe Gottes am meisten begriffen hat, sagt es uns ganz deutlich in seinem ersten Brief: »Wenn wir sagen, wir hätten keine Sünde, dann betrügen wir uns selbst; denn die Wahrheit ist nicht in uns. Ja, wenn wir sagen, wir hätten keine Sünde, dann machen wir Gott zum Lügner, denn er ist ja ans Kreuz gegangen für unsere Sünden.«

Worin besteht denn eigentlich unsere Schuld und unsere Sünde? Ich glaube, einfach darin, daß wir nicht so sind, wie wir sein sollten vor Gott, nicht so, wie wir sein könnten. Als Kinder Gottes sollten wir Gott lieben aus unserem ganzen Herzen, aus unserer ganzen Seele, aus all unseren Kräften, und unseren Nächsten wie uns selbst. Und wenn wir das tun würden, wie sähe dann unsere Welt aus? Ein Paradies! Aber, und das ist es eben, wir versagen immer wieder und darum werden wir schuldig, darum sind wir Sünder. Weil wir eben gleichgültig bleiben oder sogar hassen, wo wir lieben müßten, weil wir habgierig und neidisch werden, rücksichtslos, unrein und erbärmlich. Und wenn wir einmal an unsere Unterlassungssünden denken, an das viele Gute, das wir tun könnten, und es nicht tun, die vielen guten Worte, die ungesprochen bleiben, die vielen guten Taten, die Zeit, die wir einmal opfern könnten für unsere Nächsten und die wir dann doch lieber behalten. Wie weit sind wir da von dem entfernt, was wir sein könnten. Und mancher von uns verstrickt sich und andere auch in schwerere Schuld ...

Dann werden wir Karikaturen dessen, was wir sein könnten als Kinder Gottes. Ein berühmter Theologe hat das an seinem 75. Geburtstag einmal so gesagt: Ach, wenn ihr wüßtet, ich kann nur sagen, der, der ich bin, grüßt traurig den, der ich sein sollte.

Nun ist es aber so, daß der Mensch mit Sünde und Schuld nicht leben kann. Auf die Dauer damit konfrontiert, das verpestet das Leben. Er muß also davon wegkommen, und ein jeder wird es versuchen. Da gibt es nun zwei Wege.

Da ist ein Weg, den heute viele gehen: man muß sich entschuldigen, man muß das irgendwie zu erklären suchen. Wenn das Sünde wäre, was ich da tue, dann wäre ich ja schuldig; also darf das keine Sünde sein. Das ist auch eigentlich nicht so schlimm, mein Versagen hat psychologische und soziale Ursachen, da ist die Situation der Menschheit schuld, alle möglichen Gründe gibt es dafür. Nur ich, ich bin nicht schuld.

Wer das tut, wer sich immer wieder entschuldigt, so daß er eigentlich gar keine Sünde mehr hat, gar nicht mehr sündigen kann, ja meine Lieben, der kastriert sich seelisch. Der sagt doch nichts anderes als: ich habe keinen freien Willen mehr, oder ich bin für diesen meinen freien Willen nicht verantwortlich. Er macht sich zu einer ganz erbärmlichen Kreatur. Viele von diesen Menschen werden seelisch krank und begeben sich in Behandlung, in oft langwierige, monatelange, teure Gruppentherapien, Einzeltherapien – und warum? Um doch nur zu einem Bekenntnis zu kommen, daß irgend jemand das aufdeckt, daß irgend jemand das erklärt, wegerklärt, daß sie mit ihren Widerständen und Abhängigkeiten, die sie innerlich zerstören, irgendwie klarkommen.

Und es gibt einen anderen Weg, der ist radikaler, wirksamer, schneller und sicherer. Das ist der Weg, den Christus anbietet, den die Kirche anbietet: die Vergebung der Sünden durch den lebendigen Gott im Sakrament der Buße. Der Weg ist radikal. Denn hier wird nicht nur gedeutelt und erklärt und versucht, hier bekennen wir unsere Schuld, und diese Schuld ist so groß und so ernst, daß Gott seinen einzigen Sohn in den Tod am Kreuz geschickt hat, um sie von uns hinwegzunehmen. Und dieser Weg ist sicherer; denn hier begnügen wir uns nicht nur mit menschlichen Bedingungen, mit menschlichen Worten und Versuchen, hier bleiben wir nicht stecken in einer letzten Unsicherheit, sondern hier greift Gott ein, hier wird losgesprochen. Gott liebt dich so sehr, daß er deine Sünde von dir hinwegnimmt, daß er dich neu macht.

Das Sakrament der Buße ist eine der größten Gnaden, die Gott den Menschen schenken kann: die Chance eines neuen Anfangs, und er hat diese Gnade in seiner Kirche geschenkt. Er hat zu den Jüngern gesagt: »Wem ihr die Sünden nachlassen werdet, denen sind sie nachgelassen, und denen ihr sie behaltet, denen sind sie behalten.« Das große Geschenk der Gnade Gottes: ein neuer Anfang. Warum tun wir uns nun eigentlich so schwer, dieses Geschenk von Gott anzunehmen?

Natürlich fällt es vielen von uns furchtbar schwer, einmal die Maske abzunehmen, die wir täglich tragen, einmal zu sagen: Herr, ich brauche dich, ich kann es nicht mehr allein, ich, der stolze Mensch, der den Kopf hochträgt und eine gute Figur macht, ich bin abhängig geworden. Abhängig geworden von den Dingen, von einer Schachtel Zigaretten, von den schiefen Meinungen der anderen, von meinem eigenen Leib oder von dem Leib eines anderen, von der Verführung des Geldes in den unlauteren Gewinn, in die Macht, in das Ansehen, in einen Genuß, der meine Würde auffrißt, der mich menschlich versklavt. Ja glaubt ihr denn, ein Priester, ein Bischof wüßte nicht aus eigener Erfahrung, wie schwer das sein kann; was dazu gehört, es zu sagen, ausdrücklich, einem Priester, stellvertretend für Gott und für all die Menschen, die ich eigentlich um Verzeihung bitten müßte; so bin ich, so erbärmlich, so abhängig, so schäbig.

Aber sich so Gott ausliefern, sich so Christus anvertrauen, das kann man nur ganz oder gar nicht. Das kann man nicht halb, das kann man nicht im Wald, das kann man auch nicht in einem allgemeinen Bußlied, das kann man nur von Person zu Person. Ich muß ihn berühren. Ich muß aus der anonymen Masse heraus, ich muß ihn fühlen, sein Wort hören, so wie die Menschen, die zu seiner Zeit sich durch die Menge zu ihm hindurchgedrängt haben, ihn berührt und sein Wort gehört haben: Deine Sünden sind dir vergeben. Ich will, sei rein. Jüngling, ich sage dir, steh auf. Frau, dein Glaube hat dich gesund gemacht, geh hin und lebe.

So ist das Sakrament der Buße die Begegnung mit dem lebendigen Gott, das Sakrament der Befreiung, der Erlösung. Es ist ein riesiger Irrtum, wenn wir glauben, das wäre eigentlich nur Zwang und Last. Es ist auch mehr als eine Pflicht, es ist ein Recht, ein Recht, das Gott uns schenkt, ein Recht, das wir von dieser Kirche einfordern können, das Recht auf den neuen Anfang, auf die Tilgung unserer Sünden, wann immer wir verstrickt sind, wann immer wir zurückgefalllen sind, können wir es fordern, wollen wir es fordern: die größte Gnade, den neuen, glücklichen, frohen Anfang.

Ich weiß nicht, ob ich es eigentlich darf, aber ich möchte hier eine ganz persönliche Erinnerung einfließen lassen, an mein Vaterhaus. Meine Eltern, die nun beide in der Ewigkeit sind, waren sehr temperamentvolle Leute. Und weil mein Vater und meine Mutter gleich temperamentvoll waren, knisterte es manchmal ziemlich im Gebälk und es gingen schon mal Gewitter los. Wir Kinder fanden das nicht so herrlich, wir waren dann doch manchmal tief bedrückt. Und dann erinnere ich mich, samstagnachmittags waren sie auf einmal weg. Und wenn sie dann wiederkamen, fing alles neu an: Ach, Felix, es ist ja alles gut. Ach, Hanna, dann laß uns wieder anfangen. Ein Friede, ein Glück im Haus, und dann roch es auch bald wieder nach Streuselkuchen. Ja, das kann ich nie vergessen und das hat mir die Kraft des Bußsakramentes viel deutlicher klargemacht, als hundert Pastoraltheologen das je könnten.

Ahnen wir denn überhaupt, was wir an Gnade verlorengehen lassen, an Gnade, an Kraft, an Frieden, an Freude für uns, für unsere Familien, wenn wir diesem Sakrament ausweichen, das uns immer wieder den neuen Anfang geben kann?

In diesem Jahr ruft der Heilige Vater ein Heiliges

Jahr der Erlösung aus. Einen jeden einzelnen ruft er, das Sakrament der Buße zu empfangen und dadurch einen neuen Anfang zu setzen. Als euer Bischof rufe ich euch auf von ganzem Herzen, diese Begegnung mit dem lebendigen Gott zu suchen und zu finden. Euch, die ihr von früher wißt, was beichten heißt, geht wieder einmal zur Beichte. Und wenn ihr die alten Formeln nicht mehr so richtig wißt und nicht mehr auswendig könnt, das ist gar nicht so schlimm, man kann heute auch auf eine neue, persönliche Weise beichten. Und ihr, die ihr eigentlich noch gar nicht recht wißt, was beichten heißt, habt einmal den Mut, euch diesem Sakrament zu stellen und ihr werdet die Kraft der Befreiung und der Erlösung erfahren, die Gott uns in ihm schenkt. Eine Kraft, ohne die ihr seelisch und geistig verkrüppelt. Es gibt kein Wachsen zu Gott, ohne daß wir uns vor ihm bekennen und von ihm immer wieder einen neuen Anfang bekommen.

Ja, wir stehen nicht einsam, vergessen und allein. Ein gütiger, allmächtiger, liebender Gott wartet auf uns, um uns immer wieder aufzurichten, um uns frei zu machen, damit wir glücklich und erlöst durch unser Leben gehen können.

Denn so spricht der Herr: »Kann denn eine Frau ihr Kind vergessen, eine Mutter ihren leiblichen Sohn, und selbst wenn sie ihn vergessen könnte, ich werde dich nicht vergessen. Ja, wären eure Sünden rot wie Scharlach, weiß sollen sie werden wie Schnee.«

Da soll ich mich vor ihm verstecken? Da laufe ich doch in seine ausgebreiteten Arme: Herr, da bin ich, du kannst mich rein machen; und ich werde ihn nicht lassen, bis ich sein Wort höre: Deine Sünden sind dir vergeben – und dann wird alles, alles gut.

EIN WENIG EICHENFÄLLENDEN MUT

3. Juni 1984

Liebe Brüder und Schwestern in Christus, die ihr aus den Pfarreien der Stadt Fulda und aus dem Bistum gekommen seid, auf daß wir gemeinsam die Bonifatiuswallfahrt 1984 eröffnen. Wenn wir in Fulda das Fest des heiligen Bonifatius feiern, dann feiern wir ja nicht irgendein altes, verstaubtes Jubiläum, sondern dann feiern wir das Fest unseres Glaubens, des Glaubens, den Bonifatius unseren Vorfahren vor zwölfeinhalb Jahrhunderten gebracht hat als Bote Gottes. Denn damals geschah das in unseren Landen, wovon wir eben in der ersten Lesung aus der Apostelgeschichte gehört haben: »Ich habe dich als Licht aufgestellt für die Heiden, damit du das Heil seiest bis an die Enden der Erde. Als die Heiden das hörten, freuten sie sich und alle wurden gläubig, die für das ewige Leben bestimmt waren.« Und so geschah es durch alle Generationen bis auf den heutigen Tag. Alle wurden gläubig, die für das ewige Leben bestimmt waren.

Und wenn heute wir hier stehen, um unseren Glauben zu bezeugen, dann heißt das eben auch, daß wir diejenigen sind, die für das ewige Leben bestimmt sind, die Erwählten aus unserer Zeit. Und das soll uns mit einer ganz großen Freude erfüllen, einer heimlichen Freude, ja man möchte sagen, einer unheimlichen Freude, ja auch einer offenen Freude. Was Millionen und Milliarden Menschen verborgen geblieben ist, das ist uns offenbart worden: unser Gott, sein Heil, sein Ruf.

Bonifatius hat Kirche gegründet hier im Herzen

Deutschlands. Und heute dürfen wir hier stehen und diese Kirche sein. Alle Strukturen ringsumher haben sich inzwischen verändert, selbst das Bild der Natur ist verändert worden. Kulturen sind gewachsen, reif geworden, überreif und vergangen. Das Bild der modernen Technik zeichnet die Gegenwart. Reiche und Regime sind gekommen und vergangen, Wahrheiten und Erkenntnisse, die man für endgültig hielt, sind gewelkt und belächelnswert geworden. Alles kommt und geht, die Kirche aber ist geblieben. Und die Kirche bleibt, weil sie eben keine bloß menschliche Gemeinschaft ist, sondern das Volk Gottes auf Erden. Von Gott zusammengerufen und gegründet, von seinem Heiligen Geist geführt, auf daß dieses Volk sich nicht in der Welt verliert, sondern den Weg zu Gott findet.

Daß die Kirche Volk Gottes ist, garantiert ihr, daß sie bestehen bleibt. Daß sie auf dem Weg bleibt, auf dem rechten Weg zu Gott, daß sie den Menschen alles anbieten kann an Gnade und Wahrheit und Hilfe in den Sakramenten. Ja, wer der Kirche vertraut, hat auf Gott gebaut und wird in Ewigkeit nicht enttäuscht werden. Daß sie Volk Gottes ist, garantiert der Kirche aber nicht, daß sie ohne Belästigung und Verfolgung in dieser Welt bleiben wird, ohne Druck von außen oder Spaltungen von innen. Einzelne werden immer wieder protestierend abfallen. Es wird Reibungen geben, Unvollkommenheiten, menschliches Versagen, Fehlentwicklungen, unter denen auch wir heute leiden. Deshalb ist es gut, wenn wir uns heute, da das Kirchenbild bei vielen Menschen getrübt und verschwommen ist, einmal darüber klar werden, was katholische Kirche eigentlich ist und wo sie sich von ihrer Struktur her von allen menschlichen Zusammenschlüssen, auch vom Staat, unterscheidet.

In der Welt herrscht die Gewalt, auch wenn sie im demokratischen System vom Volk ausgeht. Das Herrschaftsprinzip ist die Gewalt, und deshalb ist es gut, daß die Gewalten geteilt sind, wie wir es in unserem Regierungssystem haben.

In der Kirche dagegen herrscht der Geist Gottes. Der Geist Gottes ist nicht teilbar. Und deshalb sollen wir in der Kirche alle eins sein. Das ist das Gebet des Herrn, daß alle eins seien. Ein Leib und ein Geist werden in Christus, wie es im Kanon heißt. Es ist also nicht dasselbe Prinzip, das wirkmächtig ist in der Welt und in der Kirche. Im Staat und in der Politik regiert daher die Mehrheit, in der Kirche regiert allein die Wahrheit. Die Wahrheit, die uns Gott geoffenbart hat. Diese Wahrheit regiert notfalls auch gegen die Mehrheit. Wie oft hat der Herr im Lauf der Geschichte seine Propheten ausgesandt, um ihre Stimme zu erheben gerade gegen die Mehrheit, die von Gott abgefallen war. So hat er auch den heiligen Bonifatius zu uns gesandt. Als er kam, hatte er keine mehrheitsfähige Botschaft, sondern er mußte sich mit der Wahrheit und der Botschaft, die er brachte, mühsam durchsetzen. Und als er die Donareiche bei Geismar fällte, da war das kein von der Mehrheit umjubelter Akt, sondern ein Wagnis gegen die Mehrheit.

Heute feiern wir seinen Mut. Warum Mut? Darin liegt es ja schon. Mut war es doch, weil er es gegen die große Mehrheit tat. Heute feiern wir seinen Mut, damals aber wurde gegen ihn geschnaubt und gelästert, bis man ihn schließlich erschlagen hat. Die Kirche hat ja diese Schar von Märtyrern nur, weil es immer wieder Menschen gab, die sich in der Minderheit und notfalls allein mit Gott für die Wahrheit gegen die Mehrheit stellten.

Weil wir aber der Wahrheit treu sein müssen, werden wir eben oft in dieser Welt keine Mehrheit finden, sondern in der Minderheit bleiben. Oft sogar in der verfolgten Minderheit. Sei es in der großen Verfolgung einer staatlichen Christenverfolgung, sei es in der Verfolgung durch Milieu und Medien, die die Botschaft Christi und die, die sie unverkürzt verkünden, der Lächerlichkeit preisgeben. Deshalb wird es auch keinem Bischof, der dieses Namens würdig sein will, in dieser Zeit erspart bleiben, einmal ein ernstes und womöglich sogar ein hartes Wort sprechen zu müssen. Nur die falschen Propheten haben von alters her dem Volk nach dem Mund geredet und nach billigem Lorbeer geheischt. Gott aber beauftragt seine Boten oft mit Botschaften und Forderungen, die hart an den Mann zu bringen sind, die hart klingen, weil sie menschliche Trägheit, menschlichen Widerstand, menschliche Gedanken durchdringen, emporreißen sollen, zu göttlichen Gedanken, zur Nachfolge des Herrn. Solche Botschaft, solche Worte auszusprechen, ist oft schwer. Und die Menschen, die sie aussprechen wollen, stehen in der Versuchung, zu flüchten, sich davor zu drücken. Jonas flüchtete bis in den Bauch des Fisches. Jeremias fing an zu stammeln und zu zittern. Und wir wissen es aus der Kirchengeschichte, daß viele Hirten und Bischöfe oft nicht den Mut hatten, das Wort voll oder rechtzeitig auszusprechen.

Man darf unseren Bischöfen ruhig ein wenig von dem eichenfällenden Mut des heiligen Bonifatius wünschen. Denn sollte es in unserer Zeit leichter sein, das Wort Gottes zu vertreten? In unserer Zeit, in der doch so viele von Opfer und Überwindung nichts mehr wissen wollen. In der vielen Tugend überhaupt kein diskutabler Begriff mehr ist – Reinheit, Hingabe, Zucht und

Maß. Christus selbst hat es doch erfahren müssen, daß seine Worte als hart, ja unerträglich empfunden wurden und viele ihn kritisierten, ja ihm den Rücken kehrten. Als er dann seine Apostel fragte: Wollt auch ihr weggehen? – antwortete Petrus: Herr, zu wem sollen wir gehen? Du hast Worte des ewigen Lebens!

Da ist der eigentliche Grund, weshalb Kirche besteht, weshalb wir hier sind: Er hat uns Worte des ewigen Lebens gegeben! Nur die Kirche hat das Wort Gottes, die Kirche allein kann uns die Hoffnung geben, die die Welt nicht geben kann. Sie kann uns diese Hoffnung nur geben, weil sie so ist, wie sie ist, von Gott gegründet und nicht Menschenwerk. Darum wollen wir auch nicht versuchen, sie zu Menschenwerk zu machen, zu einem sozialen Zweckverein zur Verwirklichung aktueller Anliegen, sondern wir wollen froh sein, daß Gott sie uns geschenkt hat, so wie sie ist: göttlich, erhaben, von Menschen unabhängig. Vergeßt es nie: Wer auf die Kirche vertraut, hat auf Gott gebaut! Eine größere Sicherheit gibt es nicht auf der ganzen Welt. Und so wollen wir gemeinsam Kirche Gottes sein. In unerschütterlichem Glauben, in einer Hoffnung, die weit über alles hinausgeht, was die Welt bieten kann. In der Liebe, die uns zu Gott führt und zueinander, und auch in der Freude der Kinder Gottes, die alle Erbärmlichkeiten dieser Welt übersteigt. In dem wunderbaren Bewußtsein; Herr, wir sind dein Volk. Du hast es gerufen vor zwölfeinhalb Jahrhunderten durch Bonifatius. Du hast uns gerufen heute aus unserer Zeit, aus unserer Generation. Du hast uns gerufen, schau, wir sind da. Herr, wir vertrauen auf dich. Du wirst uns emporreißen aus allem Jammer und aller Sünde und aller Schwäche. Du wirst uns emporreißen in dein Heil. Und

Herr, wir versprechen dir, wir versprechen es dir heute: in Fulda sollst du Treue finden, wie du sie in den Jahrhunderten gefunden hast, so auch jetzt und alle Zeit und in Ewigkeit.

DAS ANTLITZ DER ERDE ERNEUERN

Pfingsten 1984

Der Frühling ist schließlich doch mit Macht gekommen. Die Wasser von unten, die Sonne von oben, sie verwandeln das Antlitz der Erde – es sprießt und blüht allenthalben. Und doch hat es wohl noch nie einen Frühling bei uns gegeben, der von so vielen Alarmstufen begleitet war, wie dieser. »Der Mai ist gekommen, die Bäume sterben aus ...« Mit zunehmendem Erschrecken nehmen wir die Schäden wahr, die wir der Natur zugefügt haben. Die massiven Schadstoff-Emissionen der modernen Industriegesellschaft verseuchen Luft und Wasser in einem Maße, das die Natur nicht mehr verkraften kann. Nun beginnt der Wald zu kranken, und ganze Arten von Pflanzen und Tieren drohen auszusterben.

Auch innerhalb er Kirche haben wir mit der Feier des Osterfestkreises das geistliche Leben erneuert. Die Ausströmung des Heiligen Geistes am Pfingstfest soll das Geschehen vollenden: »Herr, sende aus deinen Geist – und du wirst das Antlitz der Erde erneuern!« Wenn aber die geistige Landschaft dem Auge ebenso sichtbar wäre wie die natürliche, würden wir mit Entsetzen den grausamen Kahlschlag wahrnehmen, der sich in der Seelenlandschaft unseres Volkes ausbreitet: weithin stumpfe Unwissenheit in religiösen Dingen und Gleichgültigkeit gegenüber der existentiellen Herausforderung des Christentums. Hier sind ganze Arten vom Aussterben bedroht, so etwa die Ordensschwestern. Jahr für Jahr müssen Krankenhäuser und Schulen aufgegeben werden, weil es an Nachwuchs fehlt.

Die Ursachen dafür sind denen für das Sterben in der Natur durchaus vergleichbar: wir haben ein Milieu geschaffen, das geistlichem Wachstum kaum noch eine Chance läßt. Denn wie Pflanzen und Tiere klares Wasser und frische Luft brauchen, wenn sie leben und gedeihen sollen, so braucht der Mensch eine saubere Atmosphäre, damit er klar sehen und in ungestörter Freiheit den wesentlichen Entscheidungen seines Lebens entgegenwachsen kann. In welchem Maße diese Atmosphäre heute aber bis ins letzte Dorf hinein verpestet und verseucht ist, wird gegenwärtig durch das Geschehen auf dem Videomarkt überdeutlich. Aber selbst von solchen Exzessen abgesehen – die Tatsache, daß im breiten Alltagsprogramm der Massenmedien heute gelebt, geliebt, gespielt und gestorben wird, als ob es einen Gott überhaupt nicht gäbe, muß auf die Dauer geistliche Dimensionen verkümmern lassen. Müssen wir also vor diesem Zeitalter kapitulieren, hat der Heilige Geist heute keine Chance mehr?

Dabei sind wir vor knapp 20 Jahren noch mit so großem Optimismus dieser Welt gegenübergetreten. Auf das »aggiornamento« wurden große Hoffnungen gesetzt. Der Welt wollte man sich öffnen, ja, die Welt umarmen und dem Geiste neue Gassen bahnen. Nun, die Umarmung hat in vielfacher Form stattgefunden. Für den verbreiterten Dialog mit Nichtkatholiken, Nichtchristen, Nichtglaubenden, Laien und Muslimen, für Gerechtigkeit, Frieden, Kunst und Kultur wurde allein in Rom ein gutes halbes Dutzend neuer Kurialbehörden geschaffen, die in großer Emsigkeit Tagungen, Kongresse und Gespräche organsieren mit dem dazugehörigen Ausstoß an Veröffentlichungen. Dem entsprach die Entwicklung in unserem Lande.

Zweifellos sind so auch auf einzelnen Gebieten Fortschritte erzielt worden und ist das Kirche-Welt-Verhältnis heute entspannter denn zuvor. Aber wenn man das Gesamtbild und den jetzigen Zustand der Kirche betrachtet, wird man doch dem ernüchternden Schluß kaum ausweichen können, daß am Ende dieses Prozesses weit mehr weltlicher Geist in die Kirche eingedrungen ist, als Heiliger Geist in die Welt. Wir stehen mit unserer Botschaft vom göttlichen Geist einsamer denn je der Welt gegenüber, jedenfalls in den wohlhabenden Ländern der westlichen Hemisphäre. Alle Aktivität in die Breite darf uns darüber nicht hinwegtäuschen.

Wer kritisch den Gründen dieser Entwicklung nachspürt, kommt bald zu der Erkenntnis, daß guter Wille und Gesprächsbereitschaft offensichtlich allein nicht ausreichen, um die Wende zum Besseren herbeizuführen. Auf dem Weg von der »Droh«botschaft zur »Froh«botschaft haben wir uns mit allen Aspekten der Frage beschäftigt, was die heutigen Menschen von der Kirche erwarten. Diese Erwartungen zu ergründen, erforderte ein ständiges Schauen nach rechts und nach links, ein ständiges Fragen und Diskutieren. Diese Erwartungen zu erfüllen, schien nur über den Abbau von Forderungen und den Ausbau von kirchlichen Servicesystemen möglich zu sein. Dabei geriet die viel wesentlichere Frage in den Hintergrund, was denn Gott von den heutigen Menschen erwartet. Um diese Erwartung zu ergründen, braucht es den Blick nach oben, Ruhe und Einkehr. Um diese Erwartung aber zu erfüllen, braucht es den ganzen Menschen, seine Umkehr und Hingabe.

Die Überbewertung der eher sekundären Frage nach den Erwartungen der Zeitgenossen und die Vernachlässigung der primären Frage nach den Erwartungen Gottes führte dann zu jener Entwicklung in die Breite, der keine vergleichbare Entwicklung in Höhe und Tiefe entsprach. So haben wir heute in der Kirche viele Pastoralexperten – aber wenig Heilige; viele Medienexperten – aber kaum noch Propheten; viele Theologen – aber wenig Priester; viel Engagement und finanzielle Opfer – aber wenig Gehorsam; viel Kritik – aber wenig Begeisterung; einen riesigen kirchlichen Apparat – aber schrumpfendes kirchliches Leben.

»Herr, sende aus deinen Geist – und du wirst das Antlitz der Erde erneuern.« Das gilt auch heute noch. Gottes Geist lebt in seiner Kirche, sein Heilswille ist ungebrochen. Aber der Heilige Geist kann nur zum Durchbruch kommen in Menschen, die sich von ihm erfassen, sich ganz und gar packen lassen. Ein Blick in die Kirchengeschichte zeigt uns deutlich, daß es immer wieder einzelne waren, Heilige vor allem, die etwas in der Kirche bewegen konnten, die neue Impulse und wahren Fortschritte gebracht haben. Das waren stets Menschen, die sich dem Geist Gottes ganz ausgeliefert hatten und durch die er so mit aller Kraft wirken konnte. Daneben blieb bedeutungslos, ob es Männer oder Frauen, Amtsträger oder Laien waren: daß der Heilige Geist aus ihnen sprach, hat ihren Worten und Taten in der Kirche Kraft verliehen und Durchbruch verschafft, nicht die Erkämpfung irgendwelcher Rechte oder Positionen.

Alles hat seine Zeit. Nach einer Zeit des grenzenlosen Sich-Ausbreitens im Dialog sollten wir uns vielleicht wieder einmal konzentrieren im Gebet, wieder einmal still werden, den Blick in die Höhe richten. Aus der Höhe allein kann der Geist kommen, der unsere Tiefen befruchtet. Am Anfang muß immer die Frage stehen: Herr, was willst du, das ich tun soll: Nur wer das, vom Heiligen Geist beschenkt, erkannt hat, kann dem Volke Gottes eine Hilfe auf dem Wege sein. Eigene Rezepte nützen da nichts. Denn das Volk soll ja nicht sich selbst finden, sondern, wie schon Jesaja sagt, den Berg des Herrn. »Er zeige uns seine Wege, auf seinen Pfaden wollen wir gehen.« Heute werden viele Wege ausprobiert, aber nur auf dem einen, den Christus selbst als schmal und steil beschreibt, können wir in den großen Frieden ziehen. Gottes Straße müssen wir aber nicht erst bauen, sie ist schon da, wir müssen sie nur finden. Und da sie steil ist, können wir sie nur gehen, wenn wir viel Gepäck zurücklassen. Auf diesem Weg zu Ihm werden wir froher, freier und einfacher werden, eben Kinder, Kinder Gottes.

GEIST DER LIEBE ZUR KIRCHE

6. Juli 1984

Wenn wir an Pater Rupert Mayer denken, weiß ich nicht, ob wir uns von einer Art Heimweh, einer gewissen Nostalgie freisprechen können. Er war die große Vaterfigur, der Fels in der Brandung seiner Zeit. Und gerade in einer Zeit, da das Wort Pater Delps mehr denn je gilt: »Wer fühlt sich noch sicher? Welcher Boden trägt noch?« fragen wir mit ihm: Wo sind die großen Seher, die großen Denker, die großen Künder, die großen Gestalter? Wo ist eine solche Gestalt, wie sie Pater Rupert Mayer seinerzeit war? Und es ist klar, daß wir uns nicht damit begnügen können, die Erinnerung an ihn wachzurufen, sondern daß es gilt, den Geist, den er in seiner Zeit entfacht hat, in unserer Zeit zu entfachen, den Mut, den er gezeigt hat in seiner Zeit, in unserer Zeit zu zeigen. Den Mut zu zeigen zu klaren Wahrheiten, auch wenn sie keinen Applaus bringen. Damals war es riskant und gefährlich, solche Wahrheiten auszusprechen. Heute ist es vielleicht nicht mehr so gefährlich, es droht kein KZ mehr, aber trotzdem hat man den Eindruck, daß da doch oft eine Lähmung sei, daß der Mut, die Wahrheit auszusprechen, auch heute weithin fehlt.

Im Predigtbuch von St. Michael über die für das Jahr 1933 zu haltenden Predigten findet sich der Eintrag: Einheit der Kirche – Katholizität der Kirche.

Das ist ja gerade das Wunderbare an der Kirche Gottes, daß sie eine einzige katholische und apostolische Kirche ist. Eine Kirche Gottes für alle Völker – und daher ist sie von den Nationalisten und engstirnigen

Chauvinisten aller Zeiten stets bekämpft worden: Vor 200 Jahren war sie den Franzosen nicht napoleonisch genug, vor 50 Jahren war sie den Nazis nicht germanisch genug, und heute ist sie manchen nicht holländisch genug.

Und dann die Einheit der Kirche – wie oft ist sie angegriffen worden im Lauf der Jahrhunderte. Wie oft ist man gegen sie Sturm gelaufen. Zur Zeit Rupert Mayers suchte man die Einheit der Kirche von außen her zu sprengen. Heute ist sie eher von innen bedroht – und innere Krankheiten sind für die Kirche immer gefährlicher als äußere und sichtbare Verletzungen.

Da redet man heute von Amtskirche und Basis, von Hierarchie und »Kirche von unten«. Da wird von den Ideologen künstlich eine Kluft aufgerissen, die es in der Kirche nicht gibt und nicht geben kann: denn es gibt nur die eine Kirche – uns geschenkt durch das Kreuzesopfer Christi –, und in ihr gibt es kein oben oder unten, d. h. nur einer ist oben, das ist Gott – und unten sind wir alle zusammen: Papst, Bischöfe, Priester, Kolpingbrüder, Studenten, Hausfrauen, Pfarrgemeinderäte – all wir armen Sünder zusammen sind in einem Boot, im Schifflein Petri.

So sind wir *eine* lebendige, leidende, triumphierende, von Gott so gewollte Kirche, zu der wir alle gehören.

Und wenn deshalb heute jemand von »Amtskirche« spricht und mit dem Finger auf sie zeigt, dann zeigt er damit, daß er vom wahren Wesen der Kirche überhaupt nichts begriffen hat. Amtskirche gibt es nicht. Es gibt nur eine Kirche: die Kirche Christi.

Und was sollen wir von der »Kirche von unten« halten? Kirche von unten – das ist ja ein Widerspruch in sich: Kirche ist eben kein Menschenwerk, das man von unten aufbauen könnte. Kirche ist uns von Gott geschenkt durch Jesus Christus: Er hat Petrus eingesetzt. Er hat den Aposteln und ihren Nachfolgern die Vollmacht verliehen, in seinem Namen zu sprechen, zu binden und zu lösen. Nichts davon können wir selbst tun oder erzwingen, alles kommt als Geschenk Gottes – von oben!

Aber es gibt ja nichts Neues unter der Sonne. Immer wieder wollen es die Menschen mal selbst und von sich aus versuchen. Und so ist der Versuch »Kirche von unten« nicht neu: Das hat es in der Heilsgeschichte schon früher gegeben. Ich erinnere hier nur an zwei besonders deutliche Beispiele in der Geschichte, da man versucht hat, Kirche »von unten« zu bauen:

Das erste Mal beim Turmbau zu Babel. »Dann riefen sie: Auf, bauen wir uns eine Stadt und einen Turm mit einer Spitze bis zum Himmel ...«, heißt es in der Genesis (11,4). Vergessen wir's nicht: Auch der Turmbau zu Babel war ein Gemeinschaftsunternehmen, mit viel gutem Willen und großem Materialaufwand begonnen. Menschliche Pläne mit Gott, aber nicht Gottes Plan mit den Menschen!

Ein weiteres Beispiel wird uns berichtet im Buch Numeri (16,1–35): Korach und 250 führende Männer aus der Gemeinde rotteten sich gegen Mose und Aaron zusammen und sagten zu ihm: Ihr nehmt euch zuviel heraus. Alle sind heilig, die ganze Gemeinde, und der Herr ist mitten unter ihnen. Warum erhebt ihr euch über die Gemeinde des Herrn?

Als Mose das hörte, warf er sich auf sein Gesicht nieder und sagte zu Korach: Ist es euch noch zu wenig, daß der Herr euch aus der Gemeinde herausgehoben hat ... Wollt ihr auch noch das Priesteramt? ... Morgen wird der Herr zeigen, wer zu ihm gehört, wer der

Heilige ist ... Ihr nehmt euch zuviel heraus: Wen der Herr erwählt, der darf sich ihm nähern. Und er rief Gott an, das Urteil zu sprechen: Die Erde öffnete sich und verschlang sie mit ihrem ganzen Gefolge, denn nicht gegen Aaron, gegen den Herrn hatten sie gemurrt!

Und diese Lektion wird dann auch im Neuen Testament wiedergegeben, wenn es hier heißt (Hebr. 5,4): Und keiner nimmt sich eigenmächtig diese Würde, sondern er wird von Gott berufen so wie Aaron.

Und so wird auch die Initiative »Kirche von unten« wieder verschwinden, wie sie gekommen ist. Ein Jammer ist es nur, daß da inzwischen so viele gutwillige junge Menschen – und zum Teil ja auch manche Ältere – in die Irre geführt werden. Daß da so viel Energie, die wir für den Aufbau der Kirche brauchten, für Abriß, Spaltung und Spannung eingesetzt wird.

Denn darum geht es den Initiatoren ja doch, diesen zu Ideologen abgesunkenen Theologen, wenn sie *selbst* erklären, daß sie das »hierarchische Konzept unterlaufen und durchbrechen« wollen. Darum geht es ja doch, wenn der »Vorwärts« seinem Artikel zum Katholikentag den Titel gibt: »Milieuschädigungen als wünschbares Vorhaben«! Soll uns das nicht aufhorchen lassen?

»Unterlaufen, durchbrechen, schädigen« – nun »von unten«. Die Kirche hat schon andere Anstürme überlebt, die aber gegen sie angerannt sind, sind allemal als Rinnsale ohne Quelle im Wüstensand der Geschichte versickert.

Und damit wollen wir uns wieder Rupert Mayer zuwenden. Was hätte er, der die Kirche so heiß und herzlich liebt, wohl zu solchen Initiativen »von unten« gesagt, die statt Sicherheit Zweifel, statt Einheit Spaltung, statt Vertrauen Mißtrauen propagieren? Wir wissen ja, daß er sich manchmal sehr klar und kräftig ausgedrückt hat. Ich glaube, er hätte gesagt: Jetzt reicht es uns aber! Jetzt reicht's aber – das ist ja wie ein saurer Regen mit diesen Theologen ohne Herz, mit diesen Ideologen ohne Freude, mit diesen Kritikern, die alles in Frage stellen außer sich selbst!

Wir aber wollen uns an den Geist erinnern, den Pater Rupert Mayer in seine Zeit hinein gepredigt hat, hier von der Kanzel von St. Michael aus: den Geist der Liebe zur Kirche, der Dankbarkeit, den Geist der Treue zur Kirche. Da sind die katholischen Männer von 1984 genauso drängend gefordert wie die Generation katholischer Männer, die Pater Rupert Mayer wachgerufen hat. In einer Zeit, in der von allen Seiten auf die Kirche eingeschlagen und auf ihr herumgetrampelt wird, sollten katholische Männer wieder einmal aufstehen und Farbe bekennen. Wo sie stehen, soll auch heute Kirche geliebt und geachtet werden! Wo katholische Männer in der Verbandsarbeit stehen, sollen diese Verbände *in* der Kirche, *mit* der Kirche und *für* die Kirche arbeiten und sich nicht der Kirche *gegenüber* kritisch postieren.

Und warum soll dies so sein? Weil Christus uns selbst das Wesen der Kirche geoffenbart hat. Weil das der Auftrag Christi ist, der gesagt hat: Wer euch hört, hört mich, wer euch ablehnt, lehnt mich ab. Die Apostel und ihre Nachfolger sprechen eben nicht in eigener persönlicher Autorität, sondern vertreten die Autorität Christi und des Vaters. Und deshalb sollen wir diese Autorität achten, weil ja gerade sie es ist, die uns Antwort gibt in unseren Zweifeln, Frieden und Sicherheit in der Verwirrung unserer Zeit.

Und darum gilt: Ein Kirchenverständnis, das zur einen katholischen und apostolischen Kirche führt, entspricht dem Gebot Christi. Ein Kirchenverständnis aber, das zu 300 verschiedenen Kirchen führt, zur Kirche von oben und unten, von rechts und links, für schwarz und weiß, nach Ländern und Rassen kann nicht das wahre christliche Kirchenverständnis sein. Und deshalb dürfen wir uns auch ruhig wieder einmal freuen darüber, daß wir zu dieser einen katholischen Weltkirche gehören.

Und da wir so bei der Freude sind, noch ein letztes Wort aus der Offenbarung Christi: Das alles habe ich zu euch gesagt, auf daß meine Freude in euch sei und eure Freude vollkommen werde!

Dazu hat Christus ja die Kirche gestiftet, daß wir in ihr glücklich werden, daß wir durch sie das Heil erlangen. Sie ist nichts anderes als der durch die Zeiten fortschreitende Christus. Durch sie und durch sie *allein* empfangen wir sein Wort, seine Sakramente!

Darum hat auch kein rechtes Kirchenverständnis, wer sich an ihr nicht freuen kann! Denn es ist ja die Kirche, die Gott uns geschenkt hat, seine Kirche, die da steht und widersteht durch die Jahrhunderte.

Wer dieser Kirche angehört durch die Taufe, wer dieser Kirche die Treue hält in lebendigem Glauben, der ist gezeichnet für das Gottesreich der ewigen Herrlichkeit. Und wenn wir über etwas in unserem Leben stolz und glücklich sein können, dann darüber, daß Gott uns in diese seine Familie gerufen hat.

HERR, GIB, DASS ICH DICH KENNENLERNE

1. September 1984

Es ist mir eine ganz große Freude, daß ich an diesem Pfarrfest teilnehmen und wieder eine neue Pfarrei entdecken kann, wieder Gläubige aus dem Bistum kennenlernen darf.

Im Alleluja-Vers der heutigen Liturgie vom heiligen Pius X., heißt es sehr passend: »Ich bin der Gute Hirt, ich kenne die Meinen, und die Meinen kennen mich.«

Der Gute Hirt ist ja der Herr selbst. Er sagt: Ich kenne die Meinen, und die Meinen kennen mich. Ja, ER kennt uns – jeden einzelnen von uns. Wie soll ER uns nicht kennen, da ER uns erschaffen hat, da ER uns gewollt hat. ER kennt mich von Grund auf, noch besser, als ich mich selber kenne. Und es gibt keine Gabe und kein Talent in mir, um das ER nicht weiß. Und es gibt keine Schwäche in mir, um die Gott nicht weiß. ER hat mich erschaffen, ER hat mich geliebt, ER kennt mich. Und die Meinen, sagt er, kennen mich.

Kenne ich IHN wirklich? Gehöre ich wirklich zu denen, von denen ER sagt, die Meinen kennen mich? Kenne ich IHN so, daß ich IHM begegnet bin, daß ich ein persönliches Verhältnis zu IHM habe, daß ich zu IHM Du sage im innersten meines Herzens? Oder ist mir der Glaube eigentlich nur noch eine Summe von Regeln und Gesetzen, von Lasten und Gewohnheiten? Das ist ein großer Unterschied, ob ich Religion nur als Gesetz empfinde – und dann vielleicht als Last, als etwas, das ich erfüllen muß, oder aber als Begegnung mit dem lebendigen Gott, so daß ich morgens aufwache und sage: Lieber Gott, du bist da, ich bin wieder da, laß es uns gemeinsam neu versuchen, an diesem Tag, den du mir schenkst. Wann war das letzte Mal, daß ich mich einmal so richtig wieder gefreut habe an Gott, daß ich sein darf, daß mir das Herz aufgegangen ist vor Freude? Oder kenne ich diese Erfahrung noch gar nicht? Wer IHN je kennengelernt hat, wer IHM je begegnet ist, der weiß, daß damit das Abenteuer menschlichen Lebens überhaupt erst beginnt. Aber mancher wird vielleicht fragen, wie kann ich denn dazu kommen – zu dieser Begegnung mit Gott. Mancher spürt vielleicht, da bin ich noch im Vorfeld, im Vorhof des Tempels bisher geblieben.

Dazu gehört gerade in unserer lauten und lärmenden Welt die Stille. Ich muß einmal still werden können, Gott Zeit geben. Die Stille drinnen oder draußen suchen, um zur Ruhe zu kommen, zu überlegen, worum geht es eigentlich in meinem Leben.

Und dann gehört das Gebet dazu. IHN findet, wer im Gebet nicht losläßt. Mancher wird vielleicht sagen: Das ist ja gerade die Schwierigkeit. Ich weiß gar nicht recht, wie ich das anfangen soll. Und da ist natürlich der Einstieg, der sich anbietet, das Wort Gottes. SEIN Wort, das uns in der Heiligen Schrift gegeben ist, ist der Einstieg in die Begegnung mit Gott. Der Herr läßt uns nicht im Stich, ER offenbart sich dem, der ihn wirklich sucht: Wer in meinem Wort bleibt, der bleibt in mir, und der wird die Wahrheit erkennen – und die Wahrheit wird ihn freimachen. Freimachen – wozu? Eben zu dieser Begegnung mit dem lebendigen Gott. Denn dazu muß man frei sein. Wenn man verkettet und versklavt und verpflichtet ist der Welt gegenüber, all ihren Lastern und Leidenschaften, dann hat man nicht die Freiheit, sich zu Gott zu erheben. Aber wer dem Wort Gottes in sich eine Chance gibt, den wir es freimachen. Und diese Begegnung mit dem lebendigen Gott, dieses Kennenlernen Gottes, das ist ein lebenslanger Prozeß. Dafür gibt uns Gott ja unser Leben – damit wir auf ihn zugehen können, Tag um Tag. Im Stundengebet der Kirche heißt es immer wieder: Cantate dominum canticum novum – Singt dem Herrn ein neues Lied. Jeder Tag kann ein neues Lied für uns sein. Denn an jedem Tag gibt Gott uns neue Geschenke, neue Gaben, auch neue Aufgaben, vielleicht auch neue Prüfungen, daß wir ihm zeigen können, wie sehr wir ihn lieben. Wer sich auf Gott einläßt, für den bringt jeder Tag etwas Neues. Es gibt nichts Verrückteres als die Idee, christliches Leben wäre langweilig oder furchtbar schwierig. Das ist nun wirklich der Teufel, der uns so was eingibt uns uns abhalten will vor dem Sprung in die Arme Gottes. Da ist nichts langweilig, da ist alles Herausforderung, da ist alles Liebe, da ist alles Freude. Da wird jeder Tag zu einem neuen Lied. Und was treiben wir so – Tag um Tag? Wir verfügen über ganze Industrien, die nichts produzieren als Zeitvertreib. Gott hat uns aber die Zeit unseres Lebens nicht gegeben, um sie zu vertreiben, sondern um sie zu gewinnen. Und deshalb müssen wir uns immer wieder fragen: »Was tue ich mit der kostbaren Zeit meines Lebens?« Vertreibe ich sie, verliere ich sie oder begreife ich, was Gott von mir will? Gehe ich auf Gott zu? Denn am Ende wird es darauf ankommen. Wenn ich auf Gott zugegangen bin, wenn ich dieses Gott-erkennen, dieses Gott-begreifen als Lebensaufgabe gehabt habe, dann bin ich zur Reife gekommen. So wollen wir dem Herrn entgegengehen. Wie ER es gesagt hat: All das habe ich euch gesagt, auf daß meine Freude in euch sei und eure Freude vollkommen werde. Das kann Programm unseres Lebens sein, daß SEINE Freude in uns sei, und daß unsere Freude vollkommen werde.

Das ist doch unsere ewige Bestimmung: die unendliche Freude bei Gott. Und so soll unser Leben hier eine Vorschule auf die Freude sein.

So wollen wir in dieser Stunde den Herrn bitten, daß er uns das Wesentliche begreifen läßt. Herr, gib, daß ich dich kennenlerne, so wie du mich kennst, daß ich dein Wort begreife, dein Wort in meinem Leben, daß ich die wunderbare, die kostbare Zeit meines Lebens nicht sinnlos vertue, sondern dir entgegenwachse. Dann ist nicht einmal der Tod ein Knick, denn das ewige Leben beginnt schon hier und jetzt. Es braucht keinen Zusammenbruch zu geben, wenn ich mich schon hier und jetzt auf den Weg zum lebendigen Gott gemacht habe.

Also nicht lockerlassen. Wir wollen den Herrn bitten: Laß uns dein Wort begreifen, laß mich wachsen in der Freude, die du denen verheißen hast, die dich suchen. Laß mich in dieser Freude wachsen, jeden Tag meines Lebens, bis ich bereit bin für die unendliche Freude bei dir.

VOLL FREUDE AUF DEM WEG

Fronleichnam 1985

Die Fronleichnamsprozession, die wir jetzt im Anschluß an das heilige Opfer durch die Stadt führen, ist für uns eine liebgewordene Tradition. Aber so mancher wird sich in unserer Zeit doch fragen: was kann Menschen heute, in dieser modernen Zeit, eigentlich veranlassen, mit Pauken und Trompeten durch die Stadt zu ziehen und eine solche Prozession abzuhalten? Paßt das eigentlich noch in unsere Zeit? Was ist eigentlich der tiefere Grund dafür?

Es gibt eigentlich nur einen wirklichen Grund: das ist die Freude an Gott, daß ER da ist. Die Freude an der Gegenwart Gottes unter uns, in seiner Nähe, treibt uns an diesem Tag aus den Mauern der Kirche hinaus in unseren Alltag, auf die Straßen unserer Zeit, um einmal diese Freude deutlich werden zu lassen.

Das ist ein Gedanke, den viele verloren haben, die Gott nur noch auf den Schattenseiten des Lebens begegnen, wenn es dunkel wird, wenn sie in Not geraten, sie einmal ins Krankenhaus müssen oder am Grab ihrer Lieben stehen. Manche vielleicht auch noch, wenn sie etwas nostalgisch Heimweh haben nach ihrer Jugendzeit. Dann erinnern sie sich, daß einmal Gott in ihrem Leben eine Rolle gespielt hat. Aber daß Gott, daß seine Gegenwart ein Grund der Freude sein kann, das erfahren nur die, die im Kontakt mit ihm bleiben. Nur die, die wirklich als Kinder Gottes leben.

Früher, in den alten Liedern, wurde vom »Jammertal« gesungen: »In diesem Jammertal, durch das wir pilgern« – die Älteren erinnern sich noch an diese Lieder. Und dann wurde das Jammertal gestrichen, das war eigentlich nicht mehr aktuell, man mußte der Welt etwas positiver gegenüberstehen. Aber, wenn wir heute die neuen Propheten sehen, die jetzt das Sagen haben, da ist das Jammertal eigentlich wiedergekommen, freilich von ganz anderer Seite. Wie dem auch sei, ob es das alte Jammertal oder das neue ist: Wir wissen, Gott ist bei uns, und wir können durch dieses Tal ziehen in dem Bewußtsein: *Er* trägt uns, *Er* ist mit uns! Wir sind voller Hoffnung. Voller Freude gehen wir unserem Ziel entgegen. Er hat aus der Ewigkeit, aus der Herrlichkeit eine Brücke geschlagen in dieses Tal. Und so begeben wir uns auf diese Fronleichnamsprozession als »Volk Gottes auf dem Weg« – gerufen, aber noch nicht am Ziel, aufgebrochen, aber noch unterwegs. Und wir wissen auch um die Gefahren dieses Weges, wie oft es auf diesem Weg auch monoton und mühsam werden kann.

Aber da kommt er uns zu Hilfe in der Kraft seiner eucharistischen Gegenwart: Brot und Wein – er speist uns. Wir wissen um den Propheten Elia, der auch unterwegs war und müde wurde und aufgeben wollte, sich in die Wüste verzog und sterben wollte, wie der Engel des Herrn kam und ihm die Speise des Herrn reichte, und er in der Kraft dieser Speise aufbrach und wanderte, bis er zum Berg des Herrn kam. Und diese Speise reicht der Herr auch uns. Wann immer wir müde sind und schwach und kraftlos, stärkt er uns in diesem Sakrament.

So wollen wir nun aufbrechen in dem frohen Bewußtsein: Gott ist da! Er ist in unserer Welt, in unserem All. Er begründet das All, er begründet den Himmel und alle seine Kräfte. Cherubim und Seraphim jubeln ihm zu. *Er* ist da auf unserer Erde, *Er* hat sie geschaffen und hat sie uns gegeben: alle Quellen, alle Länder, alle Pflanzen, alle Tiere – er hat sie uns gegeben und uns anvertraut. *Er* ist da in unserer Stadt. Deshalb führt unser Weg ins Freie, deshalb wollen wir unsere Straßen und Häuser einmal schmücken, damit sie vom Jubel des Herrn erfüllt werden. An diesem einen Tag soll es offenbar werden: der Herr wohnt mitten unter uns, der Herr wohnt in unserer Stadt. Die Freude am Herrn soll unsere Häuser und unsere Herzen erfüllen und jubeln lassen.

DER TOD, EINE ZWEITE GEBURT

10. November 1985

Im Monat November, der mit Allerheiligen und Allerseelen beginnt, gedenken wir unserer Toten, gedenken wir des Todes. Das ist kein Gedanke, der besonders beliebt ist. Für alle Menschen bleibt der Tod zunächst das Grauen, die finstere Grube, das unentrinnbare Ende nach kurzem Aufleben. Viele schieben am liebsten den Gedanken an den Tod ganz beiseite, suchen dem Unentrinnbaren eben doch eine Weile zu entrinnen, eine falsche Zeit herauszuschlagen, die nicht bleiben und nicht bestehen kann.

Jesus Christus aber, der menschgewordene Sohn Gottes, hat uns gezeigt, daß der Tod nicht das Ende unseres Lebens ist, sondern der Anfang des endgültigen, des ewigen Lebens. Er selbst ist von den Toten auferstanden und er, der Sieger über den Tod, hat uns verheißen: »Wenn ich über die Erde erhöht sein werde, werde ich alle an mich ziehen.«

Das ist bis auf den heutigen Tag der kennzeichnende Unterschied zwischen Gläubigen und Ungläubigen: Menschen, die an Gott und seine Verheißung nicht glauben, gehen ihr ganzes Leben lang dem Ende entgegen. Wenn der blühende Höhepunkt einmal überschritten ist, gibt es nur noch den allmählichen Verfall der Kräfte, eines nach dem anderen muß aufgegeben werden – und am Ende steht der Sarg.

Ganz anders ist es beim Glaubenden. Sein Leben ist nicht allmählicher Abbruch, sondern Aufbruch. Ein immer neuer Aufbruch vom Vergänglichen in das Unvergängliche, vom Irdischen in das Überirdische – vom

Kleinen, Erbärmlichen, Verhafteten in das Große, Freie, Vollkommene. Und je älter der Mensch wird, desto näher kommt er eben nicht dem Ende, sondern dem neuen Anfang.

Was ist das für ein neuer Anfang? Was ist das für eine Ewigkeit, die da vor uns liegt? Nun, es ist die ewige Seligkeit, ewige Herrlichkeit, die Gott uns verheißen hat. Wenn Jesus den Seinen sagt: »Das alles habe ich euch gesagt, auf daß meine Freude in euch sei und eure Freude vollkommen werde« – dann heißt das eben, daß alle christliche Botschaft und Lehre Frohbotschaft ist, daß seine Freude uns ergreift und unser ganzes Leben so zur Vorschau und Vorschule der ewigen und unendlichen Freude werden soll.

Darum ist auch nichts falscher als der Vorwurf, der Blick auf das Jenseits und die Ewigkeit solle uns bloß ablenken von den Problemen unserer Zeit. Nein, ganz im Gegenteil, die Gewißheit, daß Gott uns in sein Heil ruft, soll uns die Kraft geben, unser irdisches Leben anzupacken, die Probleme dieser Welt mit der Gelassenheit und der Sicherheit dessen zu lösen, der weiß, daß über all dem ein ewiger Vater thront. Nichts auf Erden ist doch lähmender und krankmachender als Hoffnungslosigkeit. »No future« heißt es in der traurigen Generation der Gottfernen, in der die Jungen schon so alt aussehen und die Alten sich jugendlich tünchen und die das Leben in ihrer aufgeregten Angst vor dem Ende schon jetzt ungenießbar werden läßt.

Wenn wir aber an Gott glauben, dann haben wir eine Zukunft, ja mehr als eine Zukunft: Ewigkeit, ewige Seligkeit. Leben wir also, so leben wir dem Herrn, sterben wir, so sterben wir dem Herrn. Und mit Paulus können wir sagen: »Tod, wo ist dein Stachel, Tod wo ist dein Sieg?«

So ist der Tod für den Gläubigen wie eine zweite Geburt: Wenn ein Kind geboren wird, muß es seinen gewohnten, geschützten, aber dunklen Lebensraum im Mutterschoß verlassen. Durch Schmerz und Schrei hindurch wird es von seiner bisherigen Existenz getrennt, um in eine neue Welt hineingeboren zu werden: da gibt es Licht, Luft, freie Bewegung – lauter ganz neue Dimensionen, die im Mutterleib unvorstellbar waren.

Eben so wird es sein, wenn Gottes Ewigkeit einbricht in unsere Zeit, wenn aus unserem Vergänglichen Unvergängliches wird, wenn wir aus unserem irdischen Leben emporgehoben werden in das ewige Leben. »Was kein Auge gesehen und kein Ohr gehört hat ... das hat Gott denen bereitet, die ihn lieben!«, heißt es im Korintherbrief. So wenig ein Embryo sich die Welt vorstellen kann, die auf ihn zukommt, so wenig können wir uns die Ewigkeit vorstellen, die auf uns zukommt. Aber wir können uns auf sie vorbereiten, freuen können wir uns darüber, daß am Ende unseres Lebens nicht der Tod steht, nicht eine ungewisse Not, sondern das Leben, das Gott uns verheißen hat – und wenn wir an ihn glauben, wenn wir ihn lieben, dann heißt das ewiges Leben, ewige Herrlichkeit. Diese Gewißheit soll uns schon jetzt leben lassen, aufleben lassen in Freude.

PRIESTERSEIN

8. Dezember 1985

Was soll man in einer solchen Stunde sagen? Ich glaube, man kann das, was hier geschieht, nicht tiefer, voller, wunderbarer zum Ausdruck bringen, als es der heilige Paulus im Epheserbrief getan hat: »Gepriesen sei Gott, der Gott und Vater unseres Herrn Jesus Christus. Denn er hat uns erwählt vor der Erschaffung der Welt. Er hat uns aus Liebe im voraus dazu bestimmt, seine Söhne zu werden durch Jesus Christus. Er hat uns mit allem Segen seines Geistes gesegnet durch unsere Gemeinschaft mit Christus im Himmel.« Denn das ist ja die Freude, die wir heute feiern, daß der Herr drei aus unserer Mitte erwählt hat, um das Priestertum zu empfangen. Daß drei junge Christen den Ruf Gottes gehört haben, dem Ruf Gottes gefolgt sind und nun als Jünger an den Stufen seines Altares stehen.

Jahre der Selbstprüfung, Jahre der Prüfung durch die Kirche liegen hinter ihnen. Sie haben den Ruf aufgenommen, sind ihm gefolgt, haben sich geprüft, haben durchgehalten und jetzt soll das Große an ihnen geschehen, mit allem Segen seines Geistes sollen sie gesegnet werden. Allen Segen, den die Kirche geben kann, will sie ihnen geben. Den Ruf des Höchsten haben sie gehört und das Höchste, was Menschen auf dieser Erde zustoßen kann, das soll an ihnen geschehen: Sie sollen zu Priestern des lebendigen Gottes geweiht werden, zu Priestern in seiner Kirche. Es gibt nichts Größeres. Sie sollen eintreten in die Gemeinschaft mit Christus im Himmel. Christus ruft sie in seine Gemeinschaft, in seine Jüngerschaft, in sein Leben. So sehr sollen sie mit Christus eins werden, daß, wenn sie ein Wort verkünden, es Christi Wort sein wird. Wer euch hört, hört mich – so weit geht diese Einheit. Sie sollen sein Wort verkünden und für die Lehre der Kirche einstehen. Sie sollen in seinem Namen die Menschen befreien von Schuld und Sünde.

Die Gesetzeslehrer und Schriftgelehrten zur Zeit Christi haben sehr deutlich gespürt, was da plötzlich geschehen soll, als Christus sagte: Geh hin in Frieden, deine Sünden sind dir vergeben. Sie waren aufgewühlt. Sie sagten: Wer kann Sünden vergeben als Gott allein. Ja, Gott allein. Daran sollten wir den Menschensohn erkennen, den Sohn Gottes. Und er überträgt diese Vollmacht auf seine Jünger: »Empfanget den Heiligen Geist. Wem Ihr die Sünden nachlasset, denen sind sie nachgelassen, und denen Ihr sie behaltet, denen sind sie behalten.« Welch furchtbare, welch wunderbare Vollmacht! In der Gemeinschaft mit Christus im Himmel allein kann sie ausgeübt werden. Und dann werden sie Gott gegenwärtig werden lassen auf unseren Altären, in unserer Zeit, in unseren Kirchen. Sie werden sprechen: Das ist mein Leib. Nicht einmal: Das ist der Leib unseres Herrn Jesus Christus. Nein: Das ist mein Leib. So weit geht diese Einheit, so weit geht diese Gemeinschaft: mein Leib, mein Blut. Wenn sie es sprechen, spricht es Christus. Unser Leib soll sein Leib werden, unser Blut sein Blut – sacerdos alter Christus.

Von nun an haben alle Menschen das Recht, in ihnen Christus zu begegnen. Sie werden nicht mehr leben können wie andere Menschen, nachdem das an ihnen vollzogen ist. Sie werden aufgenommen in die Lebensgemeinschaft, in die Schicksalsgemeinschaft mit Christus. Sie werden sprechen, wirken, leiden, frei machen in seinem Namen. Es gibt keinen Vergleich zum katholischen Priestertum auf der ganzen Welt.

Und wenn wir sehen, was das eigentlich heißt, Priester zu sein in der katholischen Kirche, dann müssen wir uns doch fragen in dieser unserer Zeit: Kann man das denn überhaupt? Ist das denn überhaupt noch menschenmöglich? Es ist natürlich nur möglich in der Kraft dessen, der ruft. Nur so! Denken wir an den Ruf, der an die ergangen ist, deren Fest wir heute feiern. Maria selbst erzittert: Wie kann das geschehen? Aber – die Botschaft des Engels ist an sie ergangen. Der Ruf ist da. Und ihre Antwort: Sieh, ich bin die Magd des Herrn. Mir geschehe nach deinem Wort.

Mehr braucht man eigentlich gar nicht zu verstehen, als daß Gott ruft. Alles werden wir nie begreifen. Die Abgründe eines solchen Rufes, die Mysterien einer solchen Berufung – wir werden sie nie ganz verstehen und begreifen. Aber die Tatsache des Rufes ist da. Und wenn Gott mich ruft, dann darf ich Ja sagen. Und wenn Gott mich berührt, dann darf ich mich ihm hingeben. Das geschieht in der heiligen Weihe. Wenn der Bischof die Hand auf sie legt, dann ruft Christus, dann ruft seine Kirche und dann können sie mit einer ganz großen Sicherheit, mit einem ganz großen Frieden eingehen auf diesen Ruf. Die Zeit der Prüfung ist vorbei, die Zeit der Erfüllung beginnt.

Vielleicht werden wir nie im ganzen Leben voll begreifen, was das eigentlich heißt, so von Gott gerufen zu sein. Aber wenn ich begriffen habe, daß ich berufen bin, dann gehe ich den Weg und dann kann ich ihn gehen. Wiederum Paulus sagt: Ich kann alles in dem, der mich stärkt. Ich kann alles in der Kraft, in der Gemeinschaft dieses Glaubens. Christus drückt es noch wagemutiger aus, möchte man sagen: Wenn Ihr den Glauben habt eines Senfkornes, werdet ihr Berge versetzen, ihr werdet alles können, wenn ihr den Glauben habt an mich, wenn ihr in mir bleibt und ich in euch.

Und wie oft hat er Menschen, die zu ihm kamen, gesagt: Wie du geglaubt hast, so geschehe dir. Wie ihr glaubt, so wird euch geschehen. Wenn ihr im Glauben an Christus bleibt, ganz und fest, dann werdet ihr Priester sein können nach dem Herzen des Herrn. Dann werdet ihr als Priester glücklich werden können, dann werdet ihr als Priester glücklich machen können. Wie du geglaubt hast, so wird dir geschehen. Es ist der höchste Ruf, der an einen Menschen ergehen kann.

Christus ruft in dieser Stunde und wir wollen uns freuen aus ganzem Herzen, daß Kirche sichtbar wächst unter uns. Und wir wollen den Herrn bitten, daß er viele Herzen öffnet für diesen seinen Ruf, damit Kirche weiter lebt, weiter wächst im Geiste dessen, der sie gegründet hat. Jetzt aber, liebe Weihekandidaten, so spricht der Herr, der euch erschaffen hat, der euch geformt hat: »Fürchte dich nicht, denn ich habe dich losgekauft, ich habe dich bei deinem Namen gerufen, du bist mein.«

KIND DER ARMEN

Christmette 1985

Wir sind hier zusammengekommen, um miteinander in der Christmette das Weihnachtsfest zu feiern, das Fest der Ankunft unseres Herrn Jesus Christus, der Menschwerdung des Sohnes Gottes, das Fest der Liebe und des großen ewigen Friedens.

Während wir hier im Lichterglanz sitzen, vor uns die Krippe, die das weihnachtliche Geschehen versinnbildlicht und den Altar, auf den der ewige und lebendige Gott herniedersteigen wird in dieser Stunde, laden wir gleichsam all die Menschen zu uns ein, die jetzt den Gottesdienst am Radio mithören:

- all die Kranken, die selbst nicht mehr zur Christmette gehen können
- alle, die auch in dieser Nacht im Dienst oder auf Reisen sein müssen und so von daheim getrennt sind
- alle, die sich einsam und elend fühlen und vielleicht voll Wehmut an frühere lichtvollere Weihnachtstage denken
- und schließlich auch alle, die sich vielleicht nur zufällig eingeschaltet haben, um einfach ein weihnachtliches Programm zu hören:

Ihnen allen gilt wie uns in dieser Stunde die Freudenbotschaft des Weihnachtsfestes: »Ein Kind ist uns geboren, ein Sohn ist uns geschenkt. Auf seinen Schultern ruht die Weltherrschaft.« Gott selbst kommt zu uns, Er hat seinen eingeborenen Sohn auf unsere Erde gesandt, um uns nicht verlorengehen zu lassen, sondern um uns heimzuholen, heimzuholen in Sein Reich, für das Er uns bestimmt und erschaffen hat. Sind wir aber bereit, uns heimholen zu lassen, uns ganz in seine Arme zu werfen?

In der ersten Weihnachtsnacht, damals zu Bethlehem, in der für die ganze Weltgeschichte entscheidenden Nacht – ist Er gekommen –, nicht in Macht und Pracht und Herrlichkeit, sondern als Kind der Armen, um zu zeigen, daß es ihm nicht um die Mittel geht, um das Äußere, um das, was vor den Menschen zählt – sondern um das, was vor Gott gilt – und da gilt allein das Herz.

Er ist gekommen, den Armen die Frohe Botschaft zu bringen, die Armen zu erlösen, die Armen reich zu machen – aber was heißt das, die Armen? Sind wir damit ausgeschlossen, weil es uns ja doch ganz gut geht? Ob einer arm ist vor Gott, das hat nur wenig mit der Brieftasche und den Kontoauszügen zu tun. Das hat, ich habe es schon gesagt, mit dem Herzen zu tun.

Arm vor Gott, das sind die Menschen, die versklavt sind an ihre Schwächen und Sünden, die sich nicht mehr befreien können von ihren Leidenschaften, nicht mehr losreißen können aus ihrer Erbärmlichkeit. Arm sind die Menschen, die nicht von Herzen lieben können und auch nicht mehr geliebt werden, die keine Menschen haben, die ihnen vertrauen und keine Menschen, denen sie vertrauen können.

Arm sind die Menschen, deren Leben keinen Sinn mehr hat, die keine Hoffnung, kein Ziel und keine Zukunft mehr haben.

Arm sind die Menschen, die Gott nicht kennen oder Gott verloren haben.

Arm aber sind wir alle, soweit wir nicht in der ganzen Fülle Gottes leben. Arm ist jeder, der sich vor Gott verbirgt, der sein Herz festhält, der Angst hat vor der großen Herausforderung, die da heißt: »Du sollst den

Herrn, deinen Gott, lieben aus deinem ganzen Herzen, aus deiner ganzen Seele und aus all deinen Kräften – und deinen Nächsten wie dich selbst.« Darum kommt Gott in dieser Nacht zu uns allen, sucht er jeden einzelnen von uns, wo und in welcher Lebenssituation er auch immer sei. Er will jeden von uns beschenken, will jeden von uns reich machen – überreich! Nicht mit irgendwelchen irdischen oder vergänglichen Gaben – Er schenkt uns alles, Er schenkt sich selbst. Wenn wir das doch in dieser Stunde begreifen könnten: Gott ist ein Menschenkind geworden – damit wir Kinder Gottes werden können! Vor diesem großen Weihnachtsdrama, vor dieser Entscheidung, alles zu gewinnen oder aber leer auszugehen, steht seit der Nacht von Bethlehem jede Generation, die von der Frohen Botschaft getroffen wird, so wie wir heute.

»Er kam in sein Eigentum«, heißt es bei Johannes, »aber die Seinen nahmen ihn nicht auf. Allen aber, die ihn aufnahmen, gab Er die Macht, Kinder Gottes zu werden«. Das ist Gottes Angebot an mich hier, jetzt und heute. Überall auf der Welt wird in der Heiligen Nacht dasselbe Evangelium verkündet von der Geburt des Kindes, von den Hirten, die der Glanz des Herrn umstrahlte und die dann aufbrachen und das Kind fanden. Das ist das Wesentliche: wer diese Botschaft hört, der horcht auf und bricht auf, um ihn zu finden.

Wenn wir ihn aber wirklich finden wollen, wenn wir das Wort Gottes hören wollen, ist das Erste das Aufhorchen, das Hinhören. Um zu hören, braucht man aber Stille. Wenn es um uns herum und in uns lärmt und schreit, sind wir in der Gefahr, Gottes Stimme nicht zu hören, sie zu überhören. Die Heilige Nacht ist die »Stille Nacht«. »Als tiefes Schweigen das All umfing, kam dein allmächtiges Wort, o Herr.«

Alles Große wächst in der Stille. Wenn ein Baum wächst, geschieht es in der Stille. Wenn er umfällt, macht er Krach. Und so ähnlich ist es mit vielen Menschen.

Nun wissen wir aber alle, daß unsere Zeit nicht still ist. Es dröhnt und knattert und lärmt in den Straßen und in der Luft und oft genug auch in unseren Wohnungen. Deshalb müssen wir gerade in unserer Zeit immer wieder ganz bewußt die Stille suchen, uns befreien aus der Hektik des Alltags und schweigen vor Gott. Stille aber ist mehr als kein Lärm. Stille ist die Stille des Ohres, des Mundes, des Herzens: Schweigen, um zu hören, Schweigen, um zu begreifen. Kann ich das überhaupt noch? Der Mensch braucht zwei Jahre, um sprechen zu lernen, aber 50 Jahre reichen oft nicht aus, um das Schweigen zu lernen.

Nur so aber, nur in der Stille, werden wir seine Stimme hören, werden wir den Sinn unseres Lebens begreifen, werden wir überhaupt erst Mensch werden können. Wer wirklich das Glück der Weihnacht erfahren will, der sollte sich in diesen weihnachtlichen Tagen, noch vor Beginn des Neuen Jahres diese Stunde der Stille schenken. Ruhig werden, sich öffnen dem Sinn des Ganzen, dem Strom der göttlichen Liebe. Eine solche Stunde kann mein ganzes Leben verändern. Gott gibt mir die Macht, sein Kind zu werden. Er ist bereit, mir alles zu schenken: seinen Frieden, seinen Segen, seine Liebe, seinen Geist, seine Freude, seine Unendlichkeit. Eine solche Stunde kann mein ganzes Leben verändern. Eine solche Stunde, in der ich Ja sage zur Wahrheit, Ja sage zur Wirklichkeit, Ja sage zum lebendigen Gott. Dann ist der Friede da. Eine solche Stunde wünsche ich uns allen in dieser Weihnachtszeit.

Denn nur wer solche Stille durchschritten hat, wer Gott gefunden hat im Innersten seines Herzens, der kann auch mit vollem Herzen einstimmen in den Jubel des Gottesdienstes, der kann Frieden bringen und Freude ausstrahlen in Familie und Gemeinde, der begreift und lebt, was heute vom Himmel schallt: »Ehre sei Gott in der Höhe und Friede auf Erden den Menschen seiner Gnade!«

MITTRAGEN AM KREUZ DES HERRN

24. Juni 1986

Wenn man heute in die Medienwelt schaut, ist man überrascht, wieviele Forderungen von allen Seiten gestellt werden. Wenn man die ersten Seiten der Zeitungen liest oder Nachrichten hört: Immer wieder Forderungen an den Staat, an die Gesellschaft, an die Parteien – und auch an die Kirche. Forderungen von allen möglichen Verbänden und Interessenvertretungen. Und man hat manchmal den Eindruck, daß selbst in der Kirche junge Verbände, die früher Avantgarde waren, die früher aufopfernd kämpften, heute, je weniger sie noch da sind, um so mehr fordern.

Unter diesem Schwall von verschiedenen, mehr oder weniger berechtigten Forderungen, ist jene Frage, die immer wieder kommt, der wir uns auch stellen sollen: Was wollen die Menschen von der Kirche heute? Dabei kommt eigentlich zu kurz die andere, wesentliche Frage: Was will Gott von den Menschen heute, was will Gott von mir? Denn das ist die einzige Forderung, die wirklich wesentlich ist, auf die es einmal ankommt an dem Tag, da Gottes Ewigkeit einbricht in unsere Zeit. An dem Tag, an dem wir vor ihm stehen werden, wird es überhaupt nicht mehr darauf ankommen, was wir alles gefordert haben. Noch nicht einmal darauf, was wir alles erreicht haben, sondern darauf: Habe ich dem entsprochen, was Gott von mir wollte. Deshalb ist das für jeden einzelnen von uns die entscheidende Frage: Was will Gott von mir? Da er mich ins Dasein gerufen hat, hat er mir einen Auftrag gegeben.

Wir finden das ganz deutlich im Leben Johannes des

Täufers – das ist eine ganze klare Berufung, eine Berufung vom Mutterleib an, wie es in der Schrift heißt: »Noch bevor du geboren warst, noch als du im Schoß deiner Mutter warst, habe ich dich berufen, habe ich dich gekannt.« Überlegen wir einmal, was das bedeutet für die heutige Diskussion über Abtreibung, wenn man fragt: Sind das Menschen oder sind das keine Menschen? »Noch bevor du geboren warst, kannte ich dich. Noch als du im Schoß deiner Mutter warst, habe ich dich berufen.« Vom Mutterleib an ist da von Gott gewolltes Leben.

Bei Johannes war das eine ganz große Berufung. Wir hörten, daß schon bei seiner Geburt sich die Menschen fragten: Was wird wohl aus diesem Kinde werden? Bei unserer Geburt hat wahrscheinlich nicht die ganze Provinz gefragt: Was wird aus dem oder was wird aus der werden? Aber unsere Eltern haben sich gefragt: Was wird wohl aus diesem Kinde werden? Aus diesem Kind, das Gott uns geschenkt hat, das Gott gewollt hat, das Gott berufen hat zu einem Leben als Kind Gottes.

Und das ist die Frage, die wir uns stellen müssen: Bin ich das geworden, was Gott von mir erwarten konnte? Er schenkt uns ja die ganze Zeit unseres Lebens als Zeit der Gnade, um ihm entgegenzuwachsen, um das zu werden, das zu sein, das zu tun, wozu er uns berufen hat. Da gibt es verschiedene Lebensalter: Die Jugend, danach den ersten Existenzkampf, wo viele so gehetzt sind, daß sie das Eigentliche oft über Jahre hinaus vergessen. Dann gibt es die relative Freiheit Ihrer Generation, der Alten, von denen viele schon vom täglichen, stündlichen Streß, der regelmäßigen Arbeit nach der Uhr befreit sind und sich das Leben etwas beliebiger einrichten können. Die etwas mehr Übersicht haben, etwas mehr Klarheit, etwas mehr Ruhe. Aber das heißt ja nicht, die Hände in den Schoß legen und die Zeit vorbeitreiben lassen; sondern jede Stunde unseres Lebens, die Gott uns schenkt, schenkt er uns, um in dieser Stunde sein zu sein und sein zu werden. Überlegen wir einmal, wieviel Gutes wir in der Zeit, die Gott uns noch schenkt, noch tun können, in unseren Familien, in unseren Gemeinden, in den Kirchengemeinden, auch in den politischen Gemeinden. Wieviel Gutes an den Menschen, mit denen wir zu tun haben. Überlegen wir einmal mit Gott und vor Gott, was wir aus der Fülle des Lebens, aus der Fülle der Erfahrungen, aus der Fülle des Herzens noch alles tun können, um Gottes Reich gegenwärtig werden zu lassen in unserer Zeit, welches Zeugnis wir ablegen können für unseren Glauben.

Ich möchte nur einen Punkt nennen. Überlegen wir einmal, was es heute heißt, da die Treue allenthalben nachläßt, da die Menschen alles auf Zeit, probeweise und vorübergehend haben wollen, wenn wir in der Kirche und einer neuen Generation gegenüber Zeugnis dafür geben, was Treue ist: Treue zu Gott, Treue zu unseren Mitmenschen, Treue zu unserer Kirche. Dazu sind Sie aufgerufen, dieses Zeugnis abzulegen durch Ihr Leben.

Ein Bischof hat viele Pflichten: am Schreibtisch und im Bistum unter den Menschen. Am Schreibtisch – das ist meist nicht so interessant. Aber eine der liebsten Pflichten ist es mir, wenn zwei- oder dreimal im Monat die Mappe mit den Bild-Glückwünschen für die Goldenen Hochzeiten kommt. Jedes Mal, wenn man den Segenswunsch zeichnet, atmet man auf und denkt: das gibt es eben doch noch! Wieder zwei Menschen, die 50 Jahre einander treu waren, durch dick und dünn, in guten und schlechten Tagen. Das gibt es auch heute noch. Das soll es aber auch in 50 Jahren noch geben!

Wenn wir da nicht zu einem neuen Aufbruch kommen in unserer Kirche, zu einer neuen Besinnung auf das, was Treue heißt, dann wird mein – ich weiß nicht wievielter – Nachfolger in 50 Jahren als Bischof von Fulda nicht mehr viele goldene Hochzeitsglückwünsche unterschreiben können. Das wäre doch eine trostlose Entwicklung.

Sehen Sie, da sind Sie gerufen, präsent zu sein mit allen Kräften, die der Herr Ihnen gibt. Es sind andere Kräfte als die der Jugend. Aber es sind Kräfte des Gebets, Kräfte der Treue, Kräfte auch des Leidens, des angenommenen Leidens, das Teilnahme ist am Kreuztragen Christi. Und wenn es den einen weniger und den anderen mehr trifft, sei es körperlich sei es seelisches Leiden, so muß er wissen, daß Gott es ihm zumutet, daß das nichts anderes heißt, als daß der Herr meint: Ich glaube, du bist reif, ein wenig von meinem Kreuz mitzutragen. Und es gibt keine größere Aufgabe in unserer Kirche, als mitzutragen am Kreuz des Herrn. Deshalb wollen wir das alles auch nicht abweisen als lästige Alltagserscheinung, was da auf uns zukommt in diesen Jahren, sondern wir sollen den letzten Sinn dahinter sehen: Daß es der Herr ist, der mich mit seinem Kreuz berührt. Wir sind dem Herrn nie näher, als wenn er uns unter sein Kreuz ruft!

Das ist meine Bitte an Sie alle, daß Sie der Kirche diesen großen Dienst tun, der Kirche in diesem Bistum, der Kirche auf der ganzen Erde, die darauf angewiesen ist, Kreuzträger zu haben, sonst ist sie ihrer Sendung untreu: Daß wir dieses Mysterium, das mit Alter und Leid auf uns zukommt, recht begreifen und darin den Herrn erkennen, der uns ruft in eine große Zukunft.

Wir wissen alle, daß in dieser Zeit die Zukunft vor vielen Menschen steht wie eine finstere Mauer. Dem, der an Gott glaubt, ist eine Zukunft verheißen, auf die er vertrauen kann, auf die er sich freuen kann. Denn uns hat der Herr gerufen in das ewige Leben. Alle, die an ihn glauben, die ihm vertrauen und die ihm treu sind, wird er in sein ewiges Leben führen. Wir werden es in wenigen Minuten hören: Wer von diesem Brot ißt, wird in Ewigkeit leben. Das ist unsere Zukunft: nicht Abbruch, Tod und Grab, sondern ewiges Leben in der Herrlichkeit unseres Herrn, in der ewigen Freude. So wie Jesus Christus, der Sohn Gottes, selbst eingegangen ist in die Herrlichkeit über das Kreuz, so werden auch wir eingehen in die Ewigkeit über Kreuz und Tod, aber in dem sicheren Bewußtsein, daß wir beim Herrn sind, ob wir leben, ob wir sterben. Und da kann mir ja eigentlich gar nichts mehr passieren. Was soll mir zustoßen, wenn ich als Kind Gottes in der Hand Gottes bleibe?

DIE KIRCHE BRAUCHT HEILIGE

17. September 1986

Wenn wir uns heute versammelt haben, um das Fest der heiligen Hildegard von Bingen zu feiern, die vor über 800 Jahren hier gelebt und gewirkt hat, dann nicht nur, um irgendein altes Jubiläum zu feiern. Nicht um Vergangenes geht es hier, sondern darum, heute den Glauben zu bekennen, den die heilige Hildegard bekannt und bezeugt hat. Denselben Glauben!

Heute das Licht zu schauen, dessen Spiegel sie gewesen ist. Dasselbe Licht!

Heute sich dem Geist zu öffnen, der die heilige Hildegard erfüllt und durchdrungen hat. Demselben Geist!

Heute die Kirche zu lieben, die sie geliebt hat, für die sie aus der ganzen Kraft ihres Herzens eingetreten ist. Dieselbe Kirche!

Hildegard steht strahlend und unübersehbar in der Reihe der großen heiligen Frauen, die Gott immer und zu allen Zeiten seiner Kirche geschenkt hat. Groß aber wurde sie nicht etwa durch eigene Ansprüche und Forderungen, sondern der Beginn ihrer Größe war ihre Demut vor Gott.

Und das ist das erste große Beispiel, das Hildegard ihren Schwestern und den Frauen aller Zeiten hinterlassen hat: Frauen, die der Kirche wirklich dienen wollen, suchen nicht sich selbst, machen sich nicht selbst zum Thema, sondern schenken sich ganz Gott. Sie schenken sich dem Nächsten, und aus der Hingabe erwächst Größe, Heiligkeit und Wirksamkeit. Aus der

Selbstbehauptung erwächst gar nichts, denn ein Mensch, der sich selbst nicht aufgeben will, hat keine Zukunft im Reiche Gottes.

Und so ist sie aus ihrer Hingabe heraus zu einer Großen geworden in ihrer Zeit, ja für alle Zeiten. Denn das eben zeigt uns die Unterscheidung der Geister: Wer aus sich selber und für sich selbst spricht, der zündet ein Strohfeuer an. Er mag die Menschen seiner Zeit eine zeitlang blenden, fesseln, alarmieren, aber wenn seine Zeit abgelaufen ist, bleibt nur noch Asche, in alle Winde verweht. Wer aber aus dem Geist Gottes spricht, dessen Wort bleibt wahr und bedeutsam und wirksam für alle Zeit. Das ist das Wort der Propheten, der Apostel, der Evangelisten, der Heiligen aller Zeiten. Das ist das Feuer, das der Geist Gottes auf die Erde wirft und das brennen soll in unseren Herzen.

Weil sie vom Geiste Gottes empfangen und uns weitergeschenkt sind, sind auch die Worte und Offenbarungen der heiligen Hildegard für uns heute noch so aktuell.

Hildegard hatte die Vision von der Kirche in ihrer göttlichen Vollkommenheit wie in der menschlichen Erbärmlichkeit.

Ich sah sie – schreibt Hildegard 1170 – »von solcher Schönheit, daß Menschengeist es nicht zu fassen vermochte. Ihre Gestalt ragte von der Erde bis zum Himmel – aber ihr Antlitz war mit Staub bedeckt, ihr Mantel zerrissen, ihre Schuhe beschmutzt. Ja, mit lauter klagender Stimme schrie sie zum Himmel hinauf: Horch auf, Himmel: Mein Antlitz ist besudelt! Trauere Erde: Mein Kleid ist zerrissen! Erzittere Abgrund: Meine Schuhe stehen im Schmutz!«

Hildegard hat an diesem Zustand der Kirche in ihrer Zeit gelitten. Und sie hat in ihrer leidenschaftlichen

Liebe für die Kirche alles Mögliche und Unmögliche getan, um das Antlitz dieser Kirche wieder strahlen zu lassen. Sie ist vor Kaiser und Könige, vor Päpste und Bischöfe getreten, um das wahre Kirche-sein einzufordern. Dieser Kirche, die von Ewigkeit her im Vater verborgen war und aus dem Blute Christi geboren wurde. – Und heute? Christus ja, Kirche nein? Wird da nicht das Antlitz der Kirche verdunkelt? Kirche von oben, Kirche von unten? Wird da nicht ihr Gewand zerrissen?

Hildegard hat den Theologen ihrer Zeit zugerufen: »Ihr solltet Feuersäulen sein, die den Menschen leuchten durch das Feuer der Lehre – der Lehre der Kirche.«

Was würde sie heute zu Theologieprofessoren sagen, die ihre eigenen Weisheiten der Lehre der Kirche voranstellen, die mit ihrem akademischen Gezänk die Gläubigen verwirren?

Und was hat Hildegard den Seelenhirten ihrer Zeit zugerufen?: »Ihr müßtet die starken Eckpfeiler sein, die die Kirche stützen. Allein ihr liegt am Boden und seid kein Halt für die Kirche. Und ihr sagt: Wir können unmöglich alles schaffen.«

Was würde sie zu den heutigen sagen, wenn sie in die Versuchung geraten, Probleme zu unterlaufen, Entscheidungen aufzuschieben oder abzuschieben, das Kreuz Christi der Welt zu verschleiern, klare Worte zu scheuen aus Angst vor dem Widerspruch der Welt?

Die heilige Hildegard hat klare Worte wahrhaftig nicht gescheut. Und auch nicht die Konsequenzen solcher Worte. Sie ist in ihren Forderungen immer aufs Ganze gegangen, denn sie wußte, daß Erneuerung der Kirche nie durch ein Weniger, sondern immer nur durch ein Mehr an Hingabe erreicht worden ist.

In ihrem Brief an den Klerus von Köln sagt sie den kirchlich »Engagierten«: »Ihr aber laßt euch durch jeden daherfliegenden weltlichen Namen lahmlegen. Mit eurem leeren Getue verscheucht ihr aber bestenfalls im Sommer ein paar Fliegen.«

Sollte das womöglich auch für uns gelten? Für uns, die wir so große und breite kirchliche Apparate und pastorale Programme aufgebaut haben und doch so wenig erreichen an Begeisterung und Wachstum?

Wenn es überhaupt einen Sinn haben soll, hier im September 1986 das Gedächtnis einer Hildegard von Bingen zu feiern, dann nur, wenn wir ihren Geist wiederaufleben lassen in unserer Zeit. Wenn wir bereit sind, seine Kirche, unsere Kirche, wieder zu lieben mit der ganzen Glut einer heiligen Hildegard – statt sie mit einer Flut von Kritik zu überziehen.

Wer sind wir denn, was haben wir denn vollbracht, daß wir uns anmaßen, diese Kirche zu kritisieren, diese Kirche, die Er uns geschenkt hat als seinen Leib, durch die Er uns alles schenkt, das Wort, das uns erlöst und befreit und die Sakramente des ewigen Lebens.

Wenn wir über eines in unserem Leben froh und glücklich sein dürfen, dann darüber, daß Er uns in seine Kirche berufen hat, daß wir dieser Kirche angehören dürfen, die alle Hoffnung und alle Verheißungen in sich trägt.

Ist nicht jetzt die Stunde gekommen, sich aus ganzem Herzen zur Kirche zu bekennen, denn »wer mich vor den Menschen bekennt«, so spricht der Herr, »den werde auch ich bekennen vor meinem Vater, der im Himmel ist«.

Was unsere Kirche heute braucht, sind nicht so sehr Pharisäer, die sie dauernd auf die Probe stellen, nicht so sehr Schriftgelehrte, die sie dauernd kritisieren, nicht so sehr Tempelbeamte, die selbst das Allerheiligste nicht betreten und auch die anderen noch davon abhalten. Was diese Kirche braucht, sind vielmehr Jünger, die dem Herrn folgen mit der ganzen Hingabe ihrer selbst, Jünger die einander lieben und in dieser Liebe Kirche bauen und Kirche bilden in unserer Zeit. Was diese Kirche braucht, sind Heilige – viele kleine, und, so Gott will, auch ein paar große –, die ihr den Weg weisen. Was diese Kirche braucht, sind wir, Menschen wie du und ich, Kinder Gottes, die sich freuen, im Schifflein Petri zu sitzen, auch und gerade, wenn es einmal stürmisch wird, die dann nicht gleich vom Untergang jammern, weil sie ja wissen, Gott der Allmächtige ist mit uns alle Tage bis an das Ende der Welt.

Darum wollen wir die heilige Hildegard bitten, daß sie unsere schwache und kümmerliche Liebe zur Kirche verdoppele, verdreifache, ja verhundertfache. Denn wir müssen unserer trauernden, angstvollen und freudlosen Welt heute klarmachen, daß es einen Weg gibt hinaus aus allen Bedrängnissen und Gefahren, daß es einen Weg gibt, der in den Frieden führt und in das Glück, daß Gott auch heute noch uns einen solchen Weg geschenkt hat: die eine, heilige, katholische und apostolische Kirche.

FRIEDEN

5. Oktober 1986

Solange wir zurückdenken können, gab es Friedenskonferenzen, Friedensgespräche aller Art, Gipfeltreffen der Staatsmänner – und doch ist die Welt heute mehr denn je zerrissen von Mißtrauen und Unsicherheit, voller Angst vor der Katastrophe eines neuen Weltkrieges.

Über Jahrzehnte hinweg zogen sich die Abrüstungsverhandlungen der Großmächte – und doch sind heute ihre Arsenale gewaltiger, ihre Rüstungsausgaben höher denn je. Ja, es hat sogar den Anschein, als ob manche der Friedensbewegungen und Friedensinitiativen unserer Zeit eher zusätzliche Polarisierung in unsere Gesellschaft tragen, mehr Unfriede als Frieden schaffen.

In diese scheinbar ausweglose Situation hinein ergeht der Aufruf des Papstes zu einem Gebetstag für den Frieden, zu dem er alle Religionen, ja alle Menschen guten Willens einlädt: Der 27. Oktober 1986 soll von Assisi, der Stadt des heiligen Franziskus aus, gewissermaßen zu einem Einkehrtag für die ganze Welt werden.

Ich glaube nicht, daß dieser Aufruf des Heiligen Vaters nur als ein Tribut an den Trend der Zeit zu verstehen ist. Ebensowenig dürfte er als eine Art Ersatz für das verschiedentlich geforderte Friedenskonzil zu verstehen sein, das ja nicht zu verwirklichen ist, weil der Begriff des Konzils sowohl in der katholischen wie in der orthodoxen Kirche einen geschichtlichen und theologischen Stellenwert hat, der eine noch so gutgemeinte Instrumentalisierung für politische Ziele ausschließt.

Nein, dieser Appell des Papstes zielt auf das Wesentliche, trifft den Punkt, der das Scheitern aller bisherigen Bemühungen verursacht hat: die Gottlosigkeit und Gottferne der Menschen. Denn »für die Gottlosen gibt es keinen Frieden«, läßt Gott schon seine Propheten verkünden (Jes. 48,22) – da mögen sie schreien, verhandeln oder demonstrieren, solange sie wollen. Gottlosigkeit bei uns? Ja, wer hat uns denn gesagt, daß Gott einem Volk den Frieden schenken will, das in einem unbarmherzigen Krieg gegen das von Gott ins Dasein gerufene Leben Hunderttausende von Kindern im Mutterleib abschlachtet. Blut, das zum Himmel schreit, vermischt mit Friedensrufen?

Der Prophet Jesaja zeigt uns aber auch den wahren und einzigen Weg zum Frieden. In seiner großartigen Vision heißt es da: »Viele Nationen machen sich auf den Weg; sie sagen: Kommt, wir ziehen hinauf zum Berg des Herrn und zum Haus des Gottes Jakobs. Er zeige uns seine Wege, auf seinen Pfaden wollen wir gehen. ... Dann schmieden sie Pflugscharen aus ihren Schwertern und Winzermesser aus ihren Lanzen. Man zieht nicht mehr das Schwert, Volk gegen Volk, und übt nicht mehr für den Krieg« (Jes. 2,3/4).

Der Friede ist also eine Frucht der Bekehrung zu Gott. Nur als Folge der Bekehrung der Völker wird der allgemeine Friede verheißen. Wohlweislich in dieser Reihenfolge: erst die Bekehrung, dann der Friede – das ist nicht umkehrbar. »Ehre sei Gott in der Höhe – und Friede den Menschen auf Erden«, heißt die Weihnachtsverheißung, in der gleichen Reihenfolge: ohne Anerkennung und Anbetung Gottes gibt es keinen Frieden für die Menschen auf Erden.

Was heißt das konkret? Ich glaube, wir können der Welt keinen größeren Friedensdienst leisten als den, wirklich Christen zu sein. Denn erst als Kinder Gottes können wir einander zu Brüdern und Schwestern werden. Solange wir die Umkehr zu Gott nicht vollzogen haben, bleiben wir gespalten, einander gegenübergestellt als Konkurrenten, Drohende und Bedrohte, einander bekämpfende Klassen.

Das ist natürlich ein Weg, der viel anspruchsvoller ist als irgendwelche ungeduldigen Aktionen, der viel mehr und viel Wesentlicheres von uns fordert – wirkliches Christsein, Buße tun, Umkehr! Und doch, wer ihn einschlägt, wird sofort spüren, daß er auf dem wahren Wege ist. Denn die erste Frucht der persönlichen Bekehrung ist ja der innere Frieden der Seele, ein Geschenk Gottes, das uns frei, sicher und glücklich werden läßt – schon jetzt und nicht erst zum ungewissen Datum eines allgemeinen Weltfriedens. Menschen die sich in Gottes Hand wissen, brauchen auch keine Angst vor der Zukunft zu haben, denn sie wissen, daß Gott allein der Herr der Geschichte ist und sie lenken wird zum Heile derer, die an ihn glauben.

In dieser frohen Gewißheit der Kinder Gottes wollen wir in das Gebet der Kirche einstimmen, in das Gebet um die Bekehrung des eigenen Herzens, um die Bekehrung des eigenen Volkes, um die Bekehrung gottferner Völker und Gesellschaften, auf daß wir in der Anerkennung des einen Gottes zu einer friedlichen Menschheitsfamilie werden.

NARREN

1. Februar 1987

Nach diesem Wahlkampf haben wir den Karneval wohl verdient. Es fastnachtet allerorten und in den urtümlich katholischen Gegenden unseres Landes natürlich am stärksten. Als Bischof meines Sprengels kann ich nur hoffen, daß die gläubigen Diözesanen nun die Zeit finden, sich einmal recht von Herzen und überschwenglich zu freuen. Das rechte Lachen lockert ja von tief innen, vom Zwerchfell her, Körper und Geist. Wenn man das ganze Jahr über gefordert ist, alle möglichen und unmöglichen Leute und Anliegen »ernstzunehmen«, ist es eine rechte Wohltat, einmal – mit kirchlicher Erlaubnis – davon befreit zu sein.

Wohlgemerkt: Nur wer um das Wesentliche weiß, kann sich über das Unwesentliche im Humor befreit erheben. Und wieviel Unwesentliches und Zweitrangiges bedrängt uns im Alltag immer wieder, nimmt uns ins Joch gesellschaftlichen und beruflichen Zwanges, macht den Blick trübe, den Mund zu und das Rückgrat krumm? Wenn in den närrischen Sitzungen Tusch und Applaus ertönen, so doch immer dann, wenn einer ins Schwarze getroffen hat, wenn einer eine Wahrheit ausgesprochen hat, die man im zivilen Leben nicht mehr auszusprechen wagt. Im Zeitalter des Absolutismus wurde den Hofnarren zu diesem Zweck Straffreiheit für ihre Äußerungen zugesichert. Heute meinen wir freier zu sein, wenn wir die von den öffentlichen Medien, von Presse, Funk und Fernsehen verbreiteten oder tolerierten Meinungen vertreten. Aber versuche mal einer, gegen den Strom zu schwimmen, die Wahrheit zu sagen, wie er sie sieht – er wird bald merken, daß er der schützenden Narrenkappe bedarf, um nicht ernstlich verletzt zu werden.

Darf ich aus der Schule plaudern? In zwanzig Jahren auf dem spiegelglatten Parkett des vatikanischen diplomatischen Dienstes ist mir nicht so oft bedeutet werden: »Das darf man aber nicht sagen!« wie in einem einzigen Jahr als Bischof in Deutschland.

Lachen und Ernst, Feiern und Fasten gehören zusammen wie Einatmen und Ausatmen. Immer gehören beide Dimensionen des Menschseins zusammen, wer nur eines gelten läßt, wird entweder lächerlich oder sauertöpfisch. Darum wünsche ich all unseren Gläubigen diese Ganzheit: daß sie sich aus dem frohen Bewußtsein der Kinder Gottes, die sich in seiner Hand geborgen wissen, lächelnd erheben können – und ab und zu auch über sich selbst ...

KIRCHE IN EINER PLURALISTISCHEN GESELLSCHAFT

3. März 1988

In der alten Bischofsstadt Fulda, aus der ich komme, geht es heutzutage auch nicht mehr so provinziell und friedlich zu, wie man es vielleicht annehmen sollte. Als neulich die Barockfassade des Doms nach jahrelangen Restaurierungsarbeiten endlich freigelegt wurde, konnten wir den Anblick dieser schönen Fassade nur wenige Tage ungestört genießen. Dann waren quer über die Fassade die Worte geschmiert: »BRD Katastrophenstaat«. Als sich kürzlich Fachhochschulstudenten zu einem Dritte-Welt-Kongreß vereinten, war auch ein »Marsch zum Bischofshaus« im Programm. Auf der Mauer hinterließ man die Botschaft: »Kein Gott, kein Staat, Bischof hau ab.«

Aber es gibt ja auch viel massivere Proteste. Wem sage ich das? Sie haben hier die Hafenstraße, und ich mußte vor wenigen Monaten im südlichen Teil meines Bistums einen Staatsdiener beerdigen, der von den Terroristen an der Startbahn West ermordet worden war. Wo der Protest gegen das Bestehende, insbesondere gegen jede Art von behaupteter Autorität heute aufflammt, richtet er sich fast immer sowohl gegen den Staat als auch gegen die Kirche. Aus der Kirche kann man allerdings austreten. Da wird der Protest sichtbar, und man spart auch noch die Kirchensteuer. Aber stellen Sie sich einmal vor, man könnte auch aus dem Staat austreten – mit ähnlich angenehmen finanziellen Konsequenzen. Ich glaube, es wären wahrscheinlich dieselben Leute, die sich verabschieden würden.

Wenn wir bedenken, daß wir seit nunmehr 40 Jahren in der bestfunktionierenden Demokratie leben, die wir je in Deutschland hatten, daß wir nie wohlhabender und nie so sehr abgesichert waren wie heute, sollte der militante Überdruß einer aktiven Minderheit und – mehr noch – die latente Unzufriedenheit in breiten Kreisen der Bevölkerung einen neutralen Beobachter eigentlich in Staunen versetzen. Diese Unsicherheit ist in Wirklichkeit ein Signal. Sie zeigt an, daß selbst eine pluralistische Demokratie niemals einfach gesichert ist. Selbst wenn sie gut gehandhabt wird, gibt es keine automatische Garantie dafür, daß sie bleibende und allgemeine – vielleicht wäre es besser zu sagen: gemeinsame – Anerkennung findet.

Nicht nur wirtschaftliche Krisen können das ganze Gebäude ins Wanken bringen. Auch geistige und ideologische Prozesse können ihre Fundamente aushöhlen. Ernst Böckenförde hat im Blick auf diese Sachverhalte wohl am deutlichsten formuliert, wenn er sagt, daß der »heutige freiheitliche und säkularisierte Staat zu seiner eigenen Fundierung und Erhaltung auf andere Mächte und Kräfte angewiesen ist. Er lebt von Voraussetzungen, die er selbst nicht garantieren kann.« Mit anderen Worten: Es gibt unverzichtbare Voraussetzungen für die pluralistische Demokratie, die aus dem politischen Bereich selbst nicht erstellt und auch durch die beste Verfassung nicht garantiert werden können. Dieses Fundament, auf dem positives Recht erst aufbauen kann, ist aber der Grundkonsens über Werte, die dem Menschen vorgegeben sind und nicht zur Disposition stehen, und der Grundkonsens über eine Verpflichtung auf diese Werte, die nicht in jederzeit abänderbarem Recht, sondern im Naturrecht, ja schließlich in der Schöpfungsordnung selbst verankert ist.

Die Präambel unseres Grundgesetzes beginnt mit den Worten: »Im Bewußtsein seiner Verantwortung vor Gott und den Menschen –«. In der Tat: Unser Schöpfungs- und Weltverständnis, unser Menschenbild und unsere Wertauffassungen sind in so entscheidender Weise vom Christentum geprägt worden, daß eine Verständigung über zentrale Verfassungs- und Rechtsprinzipien auch heute nur dann möglich ist, wenn die christlichen Wurzeln solcher Prinzipien und Elemente unserer gesellschaftlichen Struktur mit einbezogen werden. Das läßt sich geschichtlich eindeutig nachweisen, wenn mir hier natürlich auch nicht die Zeit für einen solchen Exkurs gegeben ist. Die abendländische Ethik, auf der wir aufbauen, ist christliche Ethik. Man kann darüber hinaus wohl sogar sagen, daß alle Kulturen der Menschheitsgeschichte das Fundament ihrer geistlichen Kraft und ihrer inneren Bindung in religiösen Vorstellungen fanden, die ihr irdisches Wirken in der Transzendenz verankerten. Auf der anderen Seite hat es der Atheismus bisher noch nie und nirgendwo vermocht, einen geistigen, sittlichen und gesellschaftlichen Grundkonsens entstehen zu lassen.

Nun wäre es aber gar nicht mehr so sicher, daß ein Parlamentarischer Rat, der heute eine Verfassung für die Bundesrepublik Deutschland zu entwerfen hätte, das Grundgesetz noch expressis verbis in Gott verankern würde. Damit kommen wir zu dem Fragezeichen hinter der »Rolle der Kirche in der modernen Gesellschaft« und zu dem Phänomen, das wir gemeinhin als die Kirche in einer säkularisierten Welt bezeichnen. Hinter diesem Schlagwort steht ja ein weit verbreitetes Gefühl in und außerhalb der Kirche, nach dem die Kirche an sich ein Fremdkörper in dieser Gesellschaft geworden sei, ein Relikt aus vergangenen Zeiten oder allenfalls noch ein Service-Unternehmen für die Erfüllung bestimmter sentimentaler Bedürfnisse des Menschen. Diese Sicht ist das Ergebnis eines langen Prozesses, eines Prozesses, den man als »Emanzipation« bezeichnet und der sich auf verschiedenen Ebenen abgespielt hat. Es ist ein Prozeß, der in einem immer größeren Autonomiestreben des Menschen zum Ausdruck kam. Der Befreiung aus feudalen Strukturen folgte auf den zunehmenden Wunsch, sich aus geistig-ethischen Bindungen zu lösen, letztlich eine tiefgreifende Abkehr vom Göttlichen und Transzendenten überhaupt.

Diese Abkehr, die sich zuerst im Bereich der Philosophie vollzog, ging in der Folge mit einer rasanten Entwicklung der Naturwissenschaften und der demokratisch-freiheitlichen Bewegung Hand in Hand. Die Erkenntnis und zunehmende Verfügungsgewalt über Natur und Kosmos sowie die Fähigkeit zur Selbstbestimmung haben jene Gesellschaft hervorgebracht, die man als säkularisiert und permissiv bezeichnet – säkularisiert deshalb, weil sie zur Erklärung der Welt nichts anderes benötigt als eben die Welt, und permissiv, weil sie für das Handeln keine andere Instanz zuständig sein läßt als die Subjektivität des einzelnen.

Ich habe diesen geschichtlichen Prozeß deshalb sehr kurz und summarisch skizziert, weil es uns heute vor allem darauf ankommt, uns über seine Folgen klarzuwerden.

Wie andere Langzeitprozesse – etwa die industrielle Revolution – geht auch der Prozeß der Säkularisierung in ein immer rasanteres Tempo über, je näher wir der Gegenwart kommen. Auch das hat er mit anderen Entwicklungen dieser Art gemeinsam. Seine eigentlichen Folgen werden nicht allmählich sichtbar, sondern erst, wenn ein kritischer Punkt erreicht oder überschritten ist, an dem der Kurs kaum noch reversibel und die plötzlich erscheinenden Schäden kaum noch reparabel sind.

Welches sind nun die heute erkennbaren Folgen der Säkularisierung? Wo der Bezug zur Transzendenz verlorengeht, wo – bildlich gesprochen – der Himmel geschlossen wird, wird es auf der Erde sehr eng, zumal für Menschen, die die Frage nach dem Sinn des Lebens nicht vergessen können. Wo der Weg durch die Religion zu Gott blockiert ist, suchen die Menschen immer wieder Auswege. Das zeigt uns die geschichtliche Erfahrung. Ein erster Ausweg ist nun der, daß sich politische Systeme als Ersatzreligionen anbieten. Denken wir an die Altäre und Göttinnen der Französischen Revolution, an die feierlichen Rituale des Dritten Reiches, an die Jugendweihe in kommunistischen Ländern!

Ich möchte hier aber einmal auf einen Punkt hinweisen, der nur allzuoft übersehen wird. Während man ja gern und oft Jahrhunderte zurückgreift, um der Kirche aus der Sicht von heute Fehlverhalten in der Vergangenheit anzukreiden – wer denkt da nicht an Galileo Galilei, der immer wieder neue Primanergenerationen zur Entrüstung bringt –, übersieht man die furchtbare Tatsache, daß im Namen solcher Ersatzreligionen allein in den letzten 80 Jahren Millionen Menschen grausam ermordet wurden, angefangen von den Verfolgungen in Mexiko, über die Sowjetunion der 20er, 30er und 40er Jahre, den nationalsozialistischen Holocaust, das Rotchina der 50er Jahre mit ungezählten Millionen von Opfern bis in die Mitte der 70er Jahre hinein; es ist doch wohl kaum zehn Jahre her, daß das kommunistische Pol-Pot-Regime in Kambodscha wütete und in wenigen Jahren im Namen dieser neuen Gesellschaft über ein Drittel des gesamten eigenen Volkes ausrottete. Diese gewaltigen Menschenopfer in einem Jahrhundert, in dem das Christentum Tausende und Abertausende von jungen Menschen begeistern und aussenden konnte, die in allen Ländern der Dritten Welt ja nicht nur Kirchen, sondern auch unzählige Schulen und Krankenhäuser bauten und so die Basis für die heutige Entwicklung legten! Wer spricht davon? Ich glaube, das wäre Anlaß, die Rolle der Kirche vor diesem Hintergrund doch etwas positiver oder zumindest gerechter zu beurteilen.

Ein zweiter Ausweg aus dem Verlust der Transzendenz und aus der säkularisierten Langenweile ist die Flucht in Utopien. Dabei sind jene künstlichen Weltanschauungen aus der Retorte, wie man sie hin und wieder zu konstruieren unternommen hat, noch das Harmloseste, weil solche Gedankenexperimente ohne Bezug zur gewachsenen geschichtlichen Realität bleiben. Kardinal Ratzinger zitiert in seinem letzten Buch als Beispiel dafür Karl Jaspers. Jaspers hatte in seiner »Existenzialphilosophie« gemeint, ein universales Modell gefunden zu haben, das an die Stelle des zur Partikularität verurteilten Christentums zu treten vermöge. Heute sind es nur noch wenige, die seine Philosophie überhaupt kennen.

Viel wichtiger und gefährlicher sind die weltverbesserischen Sozialutopien jener Schwärmer, die sich mit der Unvollkommenheit der weltlichen Welt nicht abfinden können. Manès Sperber spricht von einer Schwärmerei, die aus Ekel am Bestehenden aufsteigt. Mit diesem Ekel, dieser Ablehnung des unvollkommenen Bestehenden, wächst die Überzeugung, daß es irgendwo die endgültige gute Welt doch geben müsse.

Es gelte, einfach nur die Strukturen zu ändern, um die neue und gerechte Gesellschaft zu erreichen. Dieser Gedanke ist heute beileibe nicht nur unter Atheisten, sondern durch die politische Theologie auch unter Christen verbreitet. Lassen Sie mich dazu Kardinal Ratzinger im Wortlaut zitieren:

»In der befreiten Gesellschaft beruht das Gute nicht mehr auf der ethischen Anstrengung der Menschen, die diese Gesellschaft tragen, sondern es ist durch die Strukturen einfach und unwiderruflich vorgegeben. Der Mythos der befreiten Gesellschaft beruht auf dieser Vorstellung, denn das Ethos ist allzeit gefährdet, nie vollkommen und muß immer neu errungen werden. Deswegen ist ein vom Ethos, das heißt von der Freiheit getragener Staat nie fertig, nie ganz gerecht, nie gesichert. Er ist unvollkommen wie der Mensch selbst. Aus eben diesem Grund muß die befreite Gesellschaft vom Ethos unabhängig sein. Ihre Freiheit und ihre Gerechtigkeit müssen sozusagen durch die Strukturen geliefert werden. Das Ethos wird überhaupt vom Menschen auf die Strukturen verlagert. Gerechte Strukturen muß man ausdenken und daran bauen, wie man Geräte baut. Dann aber sind sie da.«

Dagegen beweist die Erfahrung mit unzähligen Revolutionen und Strukturreformen in aller Welt, daß sich durch die Änderung der Etiketten praktisch gar nichts verändert, wenn sich die Menschen nicht verändern. Hier könnte man in Anlehnung an Wilhelm Busch sagen:

»Der Ort ist gut, die Fahne neu,
der alte Lump ist auch dabei.«

Erst Menschen mit einem neuen Ethos können in Sachen Gerechtigkeit und Frieden etwas zum Besseren wenden, und selbst das nie endgültig und unverlierbar.

Bolivien hatte am 200. Jahrestag der Unabhängigkeit eine Geschichte von 183 Revolutionen und Umwälzungen, von denen alle die endgültig neue Epoche versprochen hatten. Man kann deshalb vor der Naivität nur warnen, mit der politische Theologen in unseren Tagen von dem politischen Engagement oder dem politischen Auftrag der Kirche sprechen – so als ob es da einen geraden Weg, als ob es da Patentrezepte gebe. Politische Theologie, die irdische Gesellschaftsform und eschatologisches Heil nicht klar unterscheidet, kann weder für den Himmel noch für die Erde von irgendwelchem Nutzen sein, wie Kardinal Höffner so klar formuliert hat: »Der Christ weiß, daß es vor dem Jüngsten Tag keine Idealordnungen geben wird – trotz aller Propheten aus dem Osten und aus dem Westen.«

Eine der ganz großen Utopien, der die Menschheit im letzten Jahrhundert verfallen ist und die sich erst in unseren Tagen überhaupt als eine solche erweist, ist der säkularisierte Fortschrittsglaube. »Säkularisierter Fortschrittsglaube« beinhaltet ein Doppeltes: Die weit ausgreifende Expansion in den Naturwissenschaften und der Technologie bei gleichzeitigem, als Befreiung empfundenem Abbau der alten ethischen Maßstäbe und moralischen Gesetze. So können wir in den von uns gelebten Jahrzehnten enorme wissenschaftliche Fortschritte und technische Errungenschaften einerseits und eine verkümmerte Ethosbildung, ja eine geradezu verstümmelte sittliche Gewissens- und Konsensbildung andererseits konstatieren. Daß aber ein sittliches Defizit nicht belanglos oder etwa nur für den Theologen bedeutsam ist, sondern daß ein solcher Ausfall in der Ethosbildung die Früchte des ganzen wissenschaftlich-technischen Fortschritts überhaupt zunichte machen kann, möchte ich Ihnen an einem ganz konkreten Beispiel aufzeigen. Ich bemühe dafür noch nicht einmal Hiroshima, nein, ein ganz praktisches Beispiel aus dem Alltag: Vor 25 Jahren dauerte ein Flug von Hamburg nach London an sich länger als heute. Wir haben heute schnellere Maschinen, ferngesteuerte Landehilfen, Reservierungscomputer, elektronisch gesteuerte Gepäckbeförderung. – Ich hoffe, daß niemand von der Lufthansa hier ist, der mich auf Lücken aufmerksam macht. – Wir haben die Sache also enorm modernisiert. Trotzdem dauert die Flugreise von Hamburg nach London heute länger als vor 25 Jahren, weil nämlich der Konsens darüber verlorengegangen ist, daß der Luftreiseverkehr tabu ist, daß man Flugzeuge nicht entführt oder in die Luft sprengt und Passagiere nicht als Geiseln nimmt. Dieser eine Konsensverlust allein kostet Milliarden von Stunden, verlorenen Stunden für Passagiere und Besatzungen, und Unsummen für Sicherheitsvorkehrungen aller Art. Wie gesagt, ein eher noch bescheidenes Beispiel, wenn wir an die Bedrohung aus anderen Bereichen denken, wenn wir etwa daran denken, was an uns, an Pflanzen, Tieren und Menschen durch die Manipulation einer kommerziellen Gentechnologie geschehen kann, die heute bereits weithin nach dem Motto texanischer Cowboys zu operieren scheint: »shoot first, ask questions later.«

Wie hatte der Aufbruch in das gelobte Zeitalter von Freiheit und Fortschritt doch angefangen! Lassen Sie mich eine bedeutende Stimme aus der zweiten Hälfte des vorigen Jahrhunderts zitieren, als sozusagen der Endspurt begann. Die ersten großen Erfindungen waren gemacht, man sah das neue Zeitalter. Da schrieb kein geringerer als Victor Hugo:

»Das 19. Jahrhundert ist groß, aber das 20. Jahrhundert wird glücklich sein. Nichts wird dann unserer alten

Zeit noch gleichen. Es wird keine Angst mehr geben wie in unseren Tagen, keine bewaffneten Auseinandersetzungen mehr zwischen den Völkern, keine Eroberungskriege, keine Invasionen, keine Überfälle.«

Es wird keine Angst mehr geben! – Heute, nach 100 Jahren Fortschritt und Befreiung von der versklavenden Moral treibt unsere Gesellschaft doch geradezu in eine Inflation von Ängsten hinein: Angst vor dem Krieg, Angst vor der Wirtschaftskrise, vor der Arbeitslosigkeit, Angst vor der Krankheit, vor dem Verlust des Partners, Angst vor dem Alter, vor der Vereinsamung, Angst vor dem Tod und vor dem, was nach dem Tod kommt, ja, man möchte sagen, selbst Angst vor dem Leben heute, Angst vor dem Kind, vor der Verantwortung.

Vor 100 Jahren sagte Bismarck: »Wir Deutschen fürchten Gott und sonst nichts auf der Welt.« Was für einen Weg haben wir zurückgelegt! 180 Grad, das genaue Gegenteil: Heute fürchten wir zwar nicht mehr Gott, aber sonst so ziemlich alles auf der Welt.

Ich glaube, wir stehen am Ende des sogenannten modernen Bewußtseins, nämlich jenes Bewußtseins, das meinte, alles sei machbar, Wissenschaft und Technik hätten die Zauberformel gefunden, mit der wir die Zukunft des Menschen und der Welt gewinnen könnten. Das hat sich einfach als Trug entlarvt. Wir stehen auch – so glaube ich – am Ende des wertfreien Fortschritts, weil der in ein moralisches Niemandsland führt oder – wie Hannah Ahrendt es bereits 1968 formuliert hat – in eine Niemandsherrschaft, die deshalb die tyrannischste aller Herrschaftsformen ist, weil es letztlich niemanden mehr gibt, den man zur Verantwortung ziehen kann. Aktueller geht es ja gar nicht mehr. Bei all den heutigen Mißständen – wo ist denn noch einer, den man zur Verantwortung ziehen kann?

Wieviel Ausschüsse muß man da einsetzen! Ob die dann einen finden, fragt man sich auch noch.

Ein so fortschrittlicher Soziologe wie Ulrich Beck sagt in einem vor wenigen Tagen erschienenen Essay wörtlich:

»Was heißt die ›gute alte Wertfreiheit‹ eigentlich noch, wenn chemische und physikalische Formeln, angesiedelt in der Wortwüste der Zahlen, eine politische Sprengkraft entfachen, die selbst apokalyptische Formulierungen von Sozialwissenschaftlern niemals erreichen?«

Wir stehen am Ende des wertfreien Fortschritts, weil ein weiterer wertfreier Fortschritt heute nur noch in der Form kollektiven Selbstmords möglich wäre, das heißt, zur Selbstaufgabe des Menschen als sittlich bestimmtes Wesen führen würde.

Die Kirche erschien in der modernen Gesellschaft eher als zurückgebliebene Nachhut, so könnte sie in der unausweichlich auf uns zukommenden postmodernen Gesellschaft sich plötzlich durchaus in der Rolle der Vorhut wiederfinden; denn für die Heilung des zerrissenen und zerspaltenen Menschen der Moderne ist sie in aller Stille gerüstet. Bei der so notwendigen Wiedergewinnung des Konsenses über sittliche Grundwerte kann sie durchaus eine stützende und tragende Rolle übernehmen, und zwar nicht nur im Sinne einer vordergründig nützlichen Moral.

Es geht darum, sich wieder in aller Deutlichkeit die einfache Wahrheit ins Bewußtsein zu rufen, daß das Moralische auch das Vernünftige ist, das dem Menschen seiner Natur nach Angemessene. Ich möchte das deutlich machen, ohne mich jetzt auf AIDS berufen zu müssen.

Das Moralische als das Vernünftige, das Angemessene – das bedeutet aber auch, daß für das Gelingen der Zukunft moralische Erziehung unerläßlich ist, in der der Mensch Gebrauch und Grenzen seiner Freiheit lernt. Mit Recht haben schon die alten Griechen in der Erziehung die eigentliche Gegenkraft zur Barbarei gesehen.

Wenn wir Zukunft gewinnen wollen, müssen wir den Mut haben, unsere Kinder wieder Tugenden zu lehren, in der Familie und in der Schule. Noch mehr; wir müßten sie diese Tugenden nicht nur lehren, sondern sie ihnen auch vorleben; denn Glaubwürdigkeit hat bei der heutigen Jugend den entscheidenden Stellenwert. Tugenden – man traut sich kaum noch, das Wort auszusprechen: Ehrlichkeit, Treue, Nächstenliebe, Tapferkeit, Dankbarkeit, Gottesfurcht und Vaterlandsliebe.

Wir müßten uns auch Gedanken darüber machen, wie solche Tugenden heute und in unserer Gesellschaft abgebaut werden. Ich will nur ein Beispiel herausnehmen. Nehmen wir einmal die Tugend der Treue. Wir haben heute Hunderttausende von verhaltensgestörten Jugendlichen. Das geht hin bis zu schwerer Krankheit und Kriminalität oder auch nur zu Beratungsfällen. Wenn man einmal nachforscht, woher das eigentlich kommt, daß wir bei so guten äußeren Verhältnissen ein derartiges Anwachsen der Gestörten haben, dann kommt man zu dem Ergebnis, daß das in sehr vielen, ja in den meisten Fällen auf die Untreue der Eltern zurückzuführen ist. Die Jugendlichen sind entweder Scheidungswaisen oder sie hatten sonst eine gestörte Jugend. Wenn ihre Eltern einander treu gewesen wären, wären sie wahrscheinlich gesund.

Wenn wir bedenken, wie die Treue in unseren Medien gehandelt wird – ich meine jetzt nicht hard-core, Porno und so etwas ähnliches, sondern normale Unterhaltungssendungen in unserem Fernsehen, die stündlich, nachmittags und abends, in alle Haushalte kommen. Wenn Sie einmal überlegen, welches die Spannungsmomente dieser Unterhaltung sind, dann stellen Sie fest, daß das Unzucht, Untreue und gewaltsame Durchsetzung von Interessen sind. Wohlverhalten und Sonntags-zur-Kirche-Gehen ist natürlich langweilig, damit kann man keine Unterhaltungssendung machen, obwohl man natürlich auch mit Konfliktsituationen, die Mut, Tapferkeit und Durchhaltevermögen verlangen, spannende Produktionen machen könnte. Soweit sind wir aber noch nicht.

Wir haben die Tugenden, die einmal rechtlich relevant waren, irrelevant gemacht, nämlich im neuen Recht der Sittlichkeitsdelikte, im neuen Eherecht. Früher war ein Ehebruch rechtlich relevant. Das ist er heute nicht mehr. Die Treue als ein positives Element ist aus der Öffentlichkeit verschwunden. Ohne Treue gibt es aber eben keine gesunden Ehen, gibt es keine Familien, gibt es keine Kinder, die in der Treue der Eltern aufwachsen.

Die Frage nach dem Sinn des Lebens über alle bloß materiellen Möglichkeiten hinaus taucht heute besonders bei der Jugend immer mehr auf. Die Fragen nach dem Warum und Wozu brechen mit einer neuen Leidenschaft auf. Hinter vielen Formen von Aggression und der Suche nach neuen Inhalten östlicher Lebensweisheiten, steht ja doch ein gewaltiges geistiges Vakuum, das entstanden ist, weil so lange Jahre Fortschritt und Fortkommen nur in rein materiellen Kategorien gesehen wurden. Wenn es der Kirche gelingt, hier wieder den Weg nach oben zu öffnen, kann sie vielen Menschen Möglichkeiten der Erfüllung und des Heils anbieten. Das kann die Kirche aber nicht, indem sie sich anpaßt oder sich modischen, politischen Strömungen anbiedert.

Da trifft uns heute die Herausforderung des Evangeliums neu, die eigentliche Herausforderung Christi, wenn er sagt: »Was nützt es dem Menschen, wenn er die ganze Welt gewinnt, aber sein Leben dabei verliert?« Das klingt heute neu. Das klingt natürlich ganz anders für den Menschen, der die Welt schon »gewonnen« und gesehen hat, wie klein und wie eng sie eigentlich ist. Dem klingt das heute neu und anders als dem Menschen, der sich einst aufmachte, die große unbekannte Welt zu erobern.

Die Kirche muß sich, wenn sie den Menschen von heute einen Dienst leisten will, auf ihr Proprium konzentrieren, auf das Eigentliche, die Frohe Botschaft. Sie muß das mit einem ganz großen Selbstbewußtsein tun; denn erst wenn sie dieses Selbstbewußtsein entwickelt, daß sie im Namen Gottes spricht, hat sie keine Angst mehr, daß sie eigentlich auch noch modisch und anerkannt sein müßte.

Natürlich bleibt die Kirche auch dem Dienst an der Gesellschaft verpflichtet, und das im eigentlichen Sinn und nicht bloß im sozialcaritativen Engagement, sondern weil sie in der Tiefe der Geschichte die Grundlagen entwickelt hat, auf denen unsere Gesellschaft aufbaut, ob wir uns dessen bewußt sind oder nicht. Unsere Demokratie ist geschichtlich nun einmal ein Produkt aus der Verschmelzung von griechischem und christlichem Erbe und kann ohne Besinnung auf diesen Zusammenhang gar nicht verstanden werden. Die immerwährende Erneuerung und Festigung des notwendigen fundamentalen Grundkonsenses ist so ein unverzichtbarer Beitrag der Kirche für unser demokratisches Gemeinwesen.

VERANTWORTUNG VOR DER KOMMENDEN GENERATION

10. September 1988

Wir haben den Lobpreis der Schöpfung an den Schöpfer, wie er im 104. Psalm zum Ausdruck kommt, gehört. Der Herr hat uns diese Schöpfung, das Weltall, unsere Erde geschenkt. Und er erneuert das Antlitz dieser Erde an jedem Morgen, an dem er die Sonne aufgehen läßt, in jeder Stunde, in der er uns Atem schenkt. Wie wunderbar sind Deine Werke und in welcher Harmonie lebt die Natur nach dem ursprünglichen Plan der Schöpfung!

Auch das wird in der biblischen Offenbarung deutlich: Gott hat in die Schöpfung eine Ordnung gelegt. In dem Wechsel von Tag und Nacht, von Ebbe und Flut kommt diese erste, elementare Ordnung zum Ausdruck, und die Gesetze dieser Harmonie finden wir, wenn wir uns mit offenen Augen, offenen Ohren und offenen Herzen dieser Natur zuwenden.

Ursprünglich hatte der liebe Gott ja noch geglaubt, er könnte mit uns paradiesisch verfahren. Als das Verhältnis noch ungebrochen war, hat er den Menschen als Krone der Schöpfung in das Paradies gesetzt, und wie wir alle wissen, hat das mit einer Katastrophe geendet. Da ging es natürlich nicht um einen Apfelbaum oder um einen Apfel; das steht lediglich als Sinnbild dafür. Es geht darum, daß dieses Leben in Gottes Schöpfung nur gelingt, wenn der Mensch auf Gottes Gebote achtet, die in der Schöpfung zum Ausdruck kommen.

Analog zu der Gesellschaft im Staat und den Gesetzen

Auf diese Erde, die uns anvertraut ist als unser zweites Paradies, sind wir gesetzt mit dem Auftrag, sie zu kultivieren, auf dem Boden von Gottes Natur menschliche Kultur aufzubauen. Wir müssen uns fragen, ob dieser zweite Versuch Gottes mit den Menschen gelingt – ob da nicht auch schon wieder Katastrophenzeichen auftauchen. Wir alle wissen, was mit dem Komplex Umweltschutz, Gefährdung der Erde angerissen ist, was uns in den letzten Jahren und Jahrzehnten erst richtig deutlich geworden ist. Wir wissen, daß wir die Erde nicht nur kultiviert, sondern sie auch weitgehend mißbraucht haben. Es ist uns in diesen letzten Jahren klar geworden: Wir haben gegen die Gesetze des Schöpfers in seiner Schöpfung verstoßen. Wir haben nicht die Harmonie gesucht, sondern die Unterjochung, die Ausbeutung.

Wir wissen heute und haben erkannt: wenn das Wasser Quelle des Lebens bleiben soll, dürfen wir es nicht vergiften; wenn die Luft rein bleiben soll, dürfen wir sie nicht verpesten; wenn der Boden fruchtbar bleiben soll, dürfen wir keinen Raubbau treiben. Wir haben das alles eingesehen und wir sehen auch, was da auf uns zukommt an Lasten und Aufgaben, um diese Umkehr zu vollziehen, diese Rettung, diesen Wiedereinstieg in die Harmonie. Und wir alle – sonst wären wir wohl nicht hier – fühlen uns unserer Heimat verpflichtet, um mit all unseren Kräften dafür zu sorgen, daß sie als Gottes Natur in Harmonie erhalten bleibt.

Aber ich glaube, in der Auseinandersetzung der heutigen Tage dürfen wir dabei nicht stehen bleiben. Nicht beim Boden und beim Wasser, nicht bei den Pflanzen und nicht bei den Tieren. Zu Gottes Schöpfung gehört der Mensch! Wir sind Teil dieser Schöpfung, ja die Krone dieser Schöpfung. Und ich glaube, bei aller berechtigten, ja lebensnotwendigen Sorge um die Wiederherstellung und Rettung der Natur, müssen wir heute auch erkennen, wie gefährdet wir Menschen in dieser Schöpfung sind. Denn so wie der Frosch den Teich und die Robben das Meer und die Vögel ein warmes Nest brauchen, um darin flügge zu werden, so brauchen Menschenkinder gesunde und glückliche Familien, damit sie sich in Harmonie entfalten und wirklich glückliche Menschen werden können.

Während wir die Gefährdung der Bäume sehen können – die kahlen Tannen im Schwarzwald, wir brauchen gar nicht so weit zu gehen –, während die toten Robben in ihren Plastikhüllen im Fernsehen gezeigt werden, sehen wir nicht die vielen verhaltensgestörten Jugendlichen, sehen wir nicht eine Generation, die dezimiert und oft verraten und verkauft aufwächst. Die Kinder sind heute vielleicht gefährdeter als die Vögel. Denn wo hat man das denn schon gesehen, daß Vögel ihr Nest aufgeben und die Jungen rauswerfen? Bei Menschen sieht man das sehr häufig. Ein Drittel unserer Ehen werden geschieden vor der Silberhochzeit. Was da an Schmerz zugefügt wird! Wenn wir bei dem hohen Wachstum der Kriminalitätsrate, gerade der Jugendkriminalität, den Krankheiten, den Verhaltensstörungen einmal zurückfragen, dann ist in zwei Dritteln der Fälle das gestörte Elternhaus schuld daran, daß so viele Kinder krank aufwachsen, weil sie die Nestwärme einer Familie entbehren. Wir sorgen uns um alle möglichen Biotope: Die Familie ist das Biotop für Menschenkinder, und wo wir die Familie vernichten, vernichten wir unsere eigene Zukunft!

Wenn wir heute zu einer solchen Feierstunde zusammenkommen, dann zeigt das ganz deutlich, daß der Rhönklub und seine Mitglieder sich nicht nur auffassen als irgendeinen Wanderklub e. V., sondern daß wir uns der Verantwortung bewußt sind, die wir vor der Zukunft haben, vor der kommenden Generation, die wir zu glücklichen Menschen in Harmonie mit der Natur machen sollen. Wenn wir das tun wollen, müssen wir die Gesetze beachten, die Gott in die Natur des Menschen gelegt hat. Wenn wir den Menschen eine glückliche Zukunft ermöglichen wollen, dann müssen wir ihnen zunächst ermöglichen, daß sie als glückliche, geborgene, sichere, gesunde Menschen aufwachsen. Da glaube ich, gibt es Regeln und Gesetze, die wir deutlich formulieren müssen.

Das allererste ist: wir müssen sie natürlich erst einmal leben lassen. In einem Volk, das der Herr so mit Reichtum und Wohlstand gesegnet hat wie das unsere, werden Hunderttausende von Ungeborenen immer noch Jahr um Jahr im Mutterleib getötet. Wir müssen sie zum Leben kommen lassen. Wir dürfen unsere Hand nicht erheben gegen Leben, das Gott gerufen hat.

Dann müssen wir diesem Leben die Nestwärme der Familie schenken. Das Fundament der Familie aber ist Treue! Treue – Trauen – einander trauen: Das ist das »seelische Waldsterben«, daß sich viele nicht mehr trauen, nicht mehr miteinander trauen und sich dann auch nicht mehr trauen lassen. Da kommt es gar nicht erst zu Familien.

Und dann müssen wir diese Kinder in die Harmonie mit der Schöpfung, in die Harmonie mit dem Leben hineinführen, das heißt: wir müssen sie erziehen. Wir müssen ihnen die Gesetze Gottes, die Grundregeln des Lebens beibringen. Und das sind nun einmal die alten Tugenden, so altertümlich das heute klingen mag. Man kann sich dabei helfen, indem man sagt: wir finden zu einem neuen »Grundkonsens«. Der neue Grundkonsens besteht in den alten Tugenden der Treue, Wahrhaftigkeit, Schamhaftigkeit. Der Schamhaftigkeit, die die Intimsphäre des Menschen schützt und sie nicht dauernd prostituiert. Anstand, den man gar nicht weiter umschreiben kann, als daß man sagt: das ist das, wovon meine Mutter gesagt hat: das tut man nicht. Da trauen wir uns ja auch nicht mehr. Wir müssen, wenn wir die kommende Generation zu Glück und Harmonie mit sich selbst und mit den anderen und mit der Natur führen wollen, die Tugenden lehren, die ein Leben glücklich machen können.

Ein weiteres. Wir lesen heute öfter, daß Gemeinden sich gegen Giftmülldeponien wehren, daß sie sagen: hier bei uns nicht, das Zeug schafft woanders hin. Aber wehren wir uns auch gegen den seelischen Giftmüll, der auf allen möglichen Kanälen in unsere Wohn- und Kinderzimmer getragen und da abgeladen wird? Oder nehmen wir das einfach hin? Da müßten wir viel mehr aufpassen, daß wir Filter haben, nicht nur beim Kohlendioxyd, sondern auch bei dem, was durch Kanäle in unsere Wohnzimmer kommt. Wie sehr achten wir darauf, daß unsere Kinder die richtige Nahrung bekommen. Aber welche seelische Nahrung und Beeinflussung lassen wir auf unsere Kinder zukommen durch die Kanäle der elektronischen Medien?

Weil dies keine Predigt ist und wir ja einen hohen Politiker unter uns haben, dürfen wir hier auch von Finanzen reden, wenn wir gerade dabei sind, vom Schutz der Familie zu sprechen. Da möchte ich unsere Politiker auffordern, wenn es um die Familien geht, nicht von Pfennigen zu reden, sondern von Milliarden. Denn die Familie ist die beste Investition, ja nicht nur die beste, sondern auch die notwendigste, die wir uns leisten müssen. Ich weiß, man kann nicht einfach Milliarden fordern. Wo sollen sie denn herkommen. Das ist ein Problem der Verteilung, der Auswahl, der Priorität. Aber die Familie muß in unserer Situation die allererste Priorität haben! Denn so wie Flüsse umkippen, so weit geschädigt werden können, daß sie gar nicht mehr zu sanieren sind, so kann auch die Familie in der Gesellschaft, in einem Volk »umkippen«. Daß nämlich gar nicht mehr so viel gesunde Jugendliche aufwachsen, die in der nächsten Generation noch in der Lage sind, gesunde Familien zu gründen, weil sie diese selbst nicht kennengelernt haben.

Hier muß von der Gesetzgebung her etwas geschehen. Wir dürfen die Familien nicht mehr länger als Bettler und Bittsteller behandeln, sondern als die Garanten der Zukunft, der kommenden Generation. Wenn wir die Familien nicht retten, dann sind all die Milliarden Investitionen für wissenschaftliche und technische Projekte tödliche Spielereien und in den Sand gesetzt.

Gott hat sein Gesetz in der Natur verankert. Gott hat in die Natur seine Gesetze gelegt. Wenn wir diese Gesetze brechen, vernichten wir die Natur. Das ist uns heute weitgehend klar. Aber – und das war der zweite Schritt: Gott hat seine Gesetze auch in die Natur des Menschen hineingelegt, und wenn wir Gottes Gesetze brechen, vernichten wir auch den Menschen. Das muß uns klar werden, daß – weit über den Raum der Kirche hinaus – Moral nichts Lächerliches ist und Tugend etwas Lebensnotwendiges, wenn wir uns der Schöpfung Gottes erfreuen wollen.

Wenn wir jetzt die Toten ehren, dann werden wir uns dessen bewußt, daß »Generation« etwas Vorübergehendes ist, daß die Toten *waren* und wir *sind*. Unsere Pflicht und Aufgabe ist es, den Kommenden die Zukunft zu ermöglichen. Dazu gehört, daß wir ihnen die Heimat erhalten, eine heile Heimat und eine heile Rhön. Und dazu gehört der heile Mensch. Denn – eine heile Rhön ist etwas Wunderbares, ein herrlicher Teil der Schöpfung, aber vollkommen wird das erst, wenn durch diese heile Rhön auch heile Menschen und glückliche Familien wandern.

WEITERGABE DES GLAUBENS

27. September 1988

Wir haben eben gebetet: »Gott, du hast dem heiligen Bonifatius die heilige Äbtissin Lioba als Helferin im Missionswerk gegeben. Gib, daß auch heute der Kirche Männer und Frauen geschenkt werden, die unserem Volk den Glauben lebendig halten.«

Der heilige Bonifatius hatte die heilige Lioba zu Hilfe gerufen. Und diese ist ja nicht lange allein geblieben. Wenn man bedenkt, wie viele Schülerinnen der heiligen Lioba dann vom Kloster Tauberbischofsheim aus unsere ganze Gegend als Lehrerinnen bevölkert haben und was diese Schülerinnen Liobas, die dann Lehrerinnen wurden, in unserem Glauben und bei der Einwurzelung des Christentums bewirkt haben.

Nun sagen wir, wir brauchen *heute* Männer und Frauen, die den Glauben lebendig erhalten. Damit sind wir bei dem großen Thema der *Weitergabe des Glaubens* in unserer Zeit. Wir wissen, daß das zu einem ganz großen Problem geworden ist. Dazu gibt es Papiere, Kommissionen und zentrale Pastoralstellen. Eine Riesenanstrengung, die da unternommen wird zur Weitergabe des Glaubens. Aber manchmal hat man den Eindruck, daß trotz dieses Aufwands das Ganze immer schwächer und dünner wird.

Wenn wir von Weitergabe des Glaubens an die kommende Generation sprechen, dann gehört dazu zuerst eines: Wir müssen selber fest im Glauben stehen, sonst können wir Glauben nicht weitergeben. Wir müssen wieder ohne Wenn und Aber glauben. Christus sagt uns: Wer glaubt, für den ist alles möglich. Wir müssen zu diesem Glauben wieder kommen. Einmal richtig von innen »durchglauben«, was Gott geoffenbart hat und uns im Credo der Heiligen Kirche gelehrt wird. Wenn wir so im Glauben verwurzelt sind, dann können wir Glauben weitergeben. Wenn wir jedoch selbst mit einer ganzen Bürde von Wenn und Aber belastet, wenn wir selbst voller Probleme sind, dann können wir eben nur Probleme weitergeben. Wenn wir selbst unsicher sind, können wir nur Unsicherheit weitergeben. Aber wenn ich vor Gott niederknie, damit ich diesen Glauben vermittle und in diesem Glauben lebe, dann kann ich auch vom Mark des Glaubens weitergeben.

Erst einmal muß *mein* Glaube da sein. Dazu muß ich den Glauben natürlich kennen. Und da hapert es heute. Wir sehen, wie die Kinder heute zur Schule kommen, und wie alles, was die Religionslehrer früher von der Familie her voraussetzen konnten, auf weiten Strecken fehlt. Wo, sagen diese, soll denn der Religionsunterricht ansetzen, und dann sind sie selber wieder verunsichert. Dann sagen die Religionslehrer: ohne die Familien können wir nichts machen. Und die Familie sagt: wo bleibt der Religionsunterricht?

Wir müssen unseren Glauben kennen. Eine kleine Gewissenserforschung: Was haben wir in den letzten Jahren dafür getan, ihn etwas besser kennenzulernen? Man kann ja heute überhaupt kein Bibelzitat gebrauchen, ohne unsicher zu werden: Verstehen sie überhaupt, wissen sie, was gemeint ist? Früher wurden Anspielungen auf Zitate aus der Schrift aufgefangen. Heute fallen sie zu Boden und keiner begreift, was eigentlich zitiert wurde.

Seinen Glauben kennen. Was können wir noch weitergeben an biblischer Geschichte, an Heiligenlegenden? Da müssen wir etwas zulegen, wir müssen unseren Glauben wieder kennen und dann müssen wir unseren Glauben bekennen.

Ich habe manchmal den Eindruck, selbst da, wo Menschen noch ihren Glauben kennen, fehlt ihnen der Mut, ihn auch zu bekennen. Manchmal mangelt es weniger an der Kenntnis als am Mut, in unserer Zeit sich auch wirklich klar zu unserem Glauben zu bekennen. Heute, in der modernen Zeit, gilt man womöglich als unmodern, als altmodisch gegenüber dem, was durch die Medien an Weltanschauung auf uns zukommt. Viele haben selbst nicht einmal mehr den Mut, den eigenen Kindern gegenüber Glauben wirklich zu bekennen. Das gehört jedoch dazu!

Herr, gib uns auch heute Frauen und Männer, die den Glauben lebendig erhalten, die sich dem Glauben öffnen, ihren Glauben kennen und bekennen und dann weitergeben an die kommende Generation.

Das ist unsere Aufgabe. Wir haben da so viele Aufgaben, als es glaubensschwache und unsichere und stolpernde Menschen gibt, zu denen wir den Glauben bringen müssen – und die wir allein lassen, so viele Menschen, die noch nicht in der Mitte des Glaubens stehen. Aufgaben in der Kirche! Wenn wir das anpakken, dann kommen wir nicht mehr auf die Idee zu fragen, was für eine Aufgabe haben wir denn eigentlich in der Kirche.

So wie die erste, die den Herrn erkannt hat in der Heilsgeschichte, eine Frau war – Elisabeth –, und wie die erste, die den Menschen gesagt hat, daß es darum geht, ihm zu folgen, eine Frau war – die Gottesmutter Maria –, und wie die erste, die die große Botschaft der Auferstehung künden mußte, eine Frau war – Maria von Magdala –, so haben alle Frauen in unserer Kirche ein Erstverkündigungsrecht! Denn wir sprechen ja von

Muttersprache und alle Menschenkinder sollen zuerst von ihrer Mutter das entscheidende Wort hören. Die Worte in der allerersten Kindheit, die einen Weg zu Gott eröffnen, zu einem Gottesbild, zu einem Weltbild, sind mit der Muttersprache verbunden. Wir sprechen ja auch von der Mutter Kirche, weil wir durch die Kirche die Worte Gottes hören und die Kirche uns in ihren Sakramenten Nahrung spendet.

Ich bin nicht dafür bekannt, daß ich auf falsche Weise Frauen schmeicheln möchte. Ich meine das, was ich sage, ganz ernst: sie haben ein Erstverkündigungsrecht, eine ganz große Verantwortung für die Zukunft, die Weitergabe des Glaubens in unserer Zeit, eine Aufgabe in der Kirche, jenseits von allem Platzgerangel.

Wieviele Menschen warten auf das Wort des Glaubens. Nicht nur unsere Kinder, sondern wieviele verunsicherte Mitmenschen warten darauf, daß wir Glauben kennen und Glauben bekennen. Und da wollen wir Gott danken für diese große Aufgabe, die er uns geschenkt hat, und wollen den Mut haben und uns gegenseitig Mut machen, diesen Glauben auch in unserer Zeit, ja unserer Zeit ins Gesicht hinein, zu bekennen und dem Lärm und Getöse unserer Welt das große und sichere Wort festen Glaubens entgegenzusetzen.

DIE ZUKUNFT EUROPAS

14. November 1988

Es ist nicht unbedingt eine neue Erkenntnis, daß Zeiten der Krise, der geistigen und moralischen Not und der wichtigen gesellschaftlichen Weichenstellung zu einer Besinnung auf das eigene Herkommen drängen. Es ist ein Irrtum und eigentlich sogar ein gefährlicher Wahn, wenn ein Individuum oder eine Gesellschaft meint, ihre Zeit von Grund auf neu und voraussetzungslos aufbauen zu können. Unendlich viel Erfahrung geht dabei verloren. Viele Mühen und Irrwege müssen in Kauf genommen werden, weil man nicht bereit ist, die alten und vielfach bewährten Lösungen gelten zu lassen. Gerade hier sehe ich aber eine gefährliche Tendenz unserer Zeit. Als andere Seite eines ursprünglich von Naturwissenschaft und Technik genährten Fortschrittsglaubens und naiver Zukunftsillusionen hat sich eine Abwendung des Menschen von seinem Herkommen vollzogen, mehr noch bei uns in Mitteleuropa als im tiefsten Afrika. Die Mühe, sich seines eigenen Herkommens auch durch geistige Anstrengungen zu versichern – »was Du ererbt von Deinen Vätern hast, erwirb es, um es zu besitzen« –, ist in breiten Schichten der Bevölkerung verlorengegangen. Wir sind weitgehend geschichtslos geworden. Dies spiegelt sich in der Geringschätzung der Geschichte als Unterrichtsfach, in der auf kümmerliche Reste zusammengeschrumpften Kenntnis der lateinischen Sprache ebenso wie in den durch Verwaltungsneuordnungen durchgeführten Einebnungen gewachsener Dörfer zu seelenlosen Verwaltungseinheiten.

Die Zerstörung, ja der Verlust des Geschichtsbewußtseins macht aber heute vor allem den Menschen manipulierbar. Der Verlust von Strukturen und tragenden Ordnungen führt dazu, daß der einzelne irgendwelchen Heilslehren oder Ideologien gegenüber viel leichter anfällig ist. Lassen Sie mich es einmal überspitzt formulieren: Der Verlust des Geschichtsbewußtseins hat etwas von einer kollektiven Gehirnwäsche. Es geschieht die Preisgabe aller den Menschen entlastenden, hilfreichen und tragenden Traditionen, Gewohnheiten und Bräuche. So entwurzelt, wird er zu einem Rohr, das im Winde schwankt, von kurzfristigen und zumeist hedonistischen Wünschen hin- und hergetrieben.

Als Bischof möchte ich in diesem Zusammenhang auf einen besonderen Aspekt dieses Problems aufmerksam machen: Weil unsere Gegenwart gewordene Wirklichkeit ist, ist die Kirche in ganz besonderer Weise von diesem Prozeß des Geschichtsverlustes betroffen. Einerseits versucht man in Unkenntnis und Verzerrung historischer Zusammenhänge die Kirche zum Sündenbock für alle und jede Fehlentwicklung, Unmenschlichkeit oder Barbarei zu machen. Die betroffenen Parteien, Staaten und Dynastien, alle sind vergangen und so legt man es der Kirche vor die Tür; denn das ist die einzige Institution, die noch vorhanden ist. Andererseits wird die Kirche immer mehr auf die Rolle irgendeiner gesellschaftlichen Gruppierung reduziert, deren Bedeutung allein davon abzuhängen scheint, ob es ihr gelingt, im Konzert einer pluralistischen und permissiven Gesellschaft ihre Botschaft laut genug zu artikulieren. Nun wird man gewiß zugestehen dürfen, daß es allen Einsatz lohnt, die christliche Alternative signifikant aufzuzeigen. Man wird auch nicht

Privilegien für die Kirche reklamieren müssen. Man wird aber in aller Freimütigkeit feststellen dürfen, daß die Kirche integraler Bestandteil unseres Gewordenseins ist. Unsere heutige gesellschaftliche Realität ist gerade da, wo es um Humanität, Kultur und menschlichen Fortschritt geht, nicht ohne Zutun der Kirche geworden. Die zunächst rein historisch betrachtete Bedeutung und Leistung der Kirche für die Entwicklung Europas verleiht der Kirche und ihrer Botschaft ein Eigengewicht, das anderen weltanschaulichen Richtungen einfach aufgrund der Wahrheit der geschichtlichen Wirklichkeit nicht zukommt. Vielleicht sind die vielen Anzeichen für eine neue Gehässigkeit gegen die Kirche gerade aus diesem Zusammenhang heraus zu verstehen.

Worin besteht nun der Beitrag der Kirche für Europa heute? Die Frage ist nicht leicht zu beantworten, der Grund dafür liegt in der Tatsache, daß das kirchliche Engagement heute von zwei auf den ersten Blick gegensätzlichen Tendenzen bestimmt ist. Eine Richtung sieht den Schwerpunkt im christlich-sozialen Engagement für den Menschen. Gesellschaftlicher Einsatz bis hin zu politischer Theologie kennzeichnen diese Richtung. Dieser Einsatz gilt dem Frieden, oft in einem sehr tagespolitischen Sinn, dem Ausgleich zwischen Nord und Süd, der Emanzipation und dem Kampf für soziale Gerechtigkeit. Er geht aber oft einher mit einem Verlust der eigentlichen Gehalte der christlichen Hoffnung. Er reduziert das Heil des Menschen auf innerweltliches Glück und führt in seiner Konsequenz dazu, den Menschen als den einzigen Retter für den Menschen zu sehen. Die andere Richtung ist die neue Hinwendung zur Innerlichkeit, die neuen geistlichen Gemeinschaften erfreuen sich wachsender Beliebtheit.

Viele junge Menschen suchen nach einer neuen Spiritualität, ja es gibt wieder Anzeichen für die Entdeckung der Mystik. Hier liegt auch die Gefahr einer Spiritualisierung auf der Hand, die die Welt nicht mehr sieht als Gottesschöpfung und als Ackerfeld, auf dem das Gute bis zur Ernte reifen soll, auf dem wir ackern sollen, aber den Schatz im Acker finden sollen, nicht nur akkern. Damit die Kirche ihren Auftrag in der gegenwärtigen Stunde ausrichten kann, muß sie beide Elemente zu einer fruchtbaren Einheit zusammenführen. Actio und contemplatio sind heute in einer Weise gefordert, wie zu Zeiten eines Bonifatius und zwar beide in einem Zusammenwirken und nicht in Konfrontation. Kirche darf sich aber auch nicht in ihrem gesellschaftlichen Engagement verlieren. Wenn Europa nicht nur eine organisierte, sondern eine organische und gewachsene Einheit erreichen will, wird man auf den Beitrag der Kirche nicht verzichten können.

Diese Aufgabe stellt sich der Kirche dann wohl in einer dreifachen Hinsicht. Einmal: nur eine Kirche, die selbst eine geistliche Kraft besitzt, kann am Aufbau Europas mittun. Es gehört zu jenen Grundirrtümern der Geschichte – die Aufklärer verfielen ihm ebenso wie Bismarck – daß die Kirche gerade so viel wert sei, wie man ihren unmittelbaren Einsatz im Bereich von Pädagogik oder sozialen Diensten nutzbar machen kann. Ich halte dagegen, daß nur eine Kirche, die sich ihres göttlichen Ursprungs und ihrer heilsgeschichtlichen Sendung zutiefst bewußt ist, auch für den Aufbau von Kultur und Gesellschaft ihren Beitrag zu leisten vermag. Es sind ja gerade die uralten und stets neuen Fragen der Menschen nach dem Woher und Wohin des Lebens, die den Menschen bedrängen und deren Beantwortung von höchster Bedeutung für das Lebensgefühl einer Gesellschaft und die Wertvorstellung ihrer Zeitgenossen ist. Nur aus der Besinnung auf ihre ureigenen Quellen und ihre geistliche Dimension kann die Kirche etwas von jenem Frieden bringen, den die Welt nicht geben kann.

Aus ihrer geistlichen Grundlegung heraus muß die Kirche als Anwalt und Hüterin von Grundwerten tätig werden. Die Kirche kann die eigentlichen religiösen Inhalte ihrer Botschaft im Kontext heutiger pluralistischer Gesellschaft nur einladend verkünden. Ihr Auftrag reicht aber bei weitem über die eigentlichen theologischen Gehalte hinaus. Hier sind es vor allem die von den Päpsten in ihren Sozialenzykliken immer wieder herausgestellten Forderungen der katholischen Soziallehre. Das heißt, es muß klar herausgestellt werden, daß die Grundsätze von Personalität, Subsidarität, Solidarität und Gemeinwohl neben der goldenen Regel des Neuen Testaments und den vier Kardinaltugenden aus antiker christlicher Überlieferung als grundlegende Gestaltungskräfte für ein politisch geeintes Europa eingefordert werden müssen.

Neben diesen Grundpfeilern christlicher Sozialethik wird man in unserer Gegenwart noch einen spezifischen Gedankengang nennen können: Die Notwendigkeit eines ganzheitlichen Denkens angesichts einer atomisierten Gesellschaft, Wissenschaftlichkeit und privatistischer Interessenlage. Es ist eben mehr als eine Aussage über bestimmte physikalische Möglichkeiten, wenn man unsere Zeit als Atomzeitalter bezeichnet hat. Es ist dieser Begriff vielmehr eine Aussage über die sich ständig weiter atomisierenden Lebens-, Arbeits- und Wissensbereiche des Menschen. Der Mensch hat immer mehr Einzelteile in der Hand. Es fehlt ihm aber die Synopse, die Möglichkeit, Einzelerfahrungen und

Einzelerkenntnisse einzuordnen und zu deuten. Von Benedikt von Nursia sagt Gregor der Große, daß er die ganze Welt in einem einzigen Sonnenstrahl erblicken konnte. Ob es nicht gerade Aufgabe der Kirche heute ist, die Möglichkeit einer umfassenden Sinngebung und Weltdeutung aufzuzeigen? Wer anders als die Kirche kann aus ihrem Wissen und ihrer Tradition überhaupt diesen Auftrag erfüllen? Die Vielzahl von Ersatzangeboten und spiritistisch-okkulten Versuchen der Gegenwart signalisieren hier ja doch ein großes Defizit.

Die bisher genannten Gesichtspunkte machen deutlich, daß die Frage einer europäischen Zukunft »mit Leib und Seele« nicht gelingen kann, ohne eine neue Hinwendung zur Transzendenz. Das Evangelium kennt die Frage Jesu: »Was nützt es dem Menschen, wenn er die ganze Welt gewinnt aber dabei sein Leben verliert?« Wobei wir unter dem Begriff »Leben« mehr verstehen dürfen als eine Summe biochemischer Abläufe. Es ist das kostbare Erbe, das vom Christentum aufgenommen und erhöht wurde aus griechisch antiker Tradition, daß der Geist der Urgrund des Seins ist. Der Geist beherrscht und bewegt alles, was Seele hat. Der Geist aber ist der Anteil des Menschen am Göttlichen. So galt über Jahrhunderte der Geist als das erstrebenswerte Ziel der Menschen. Mehr als durch wirtschaftliche und militärische Erfolge sind Geschichtsepochen durch ihr Geistesleben ausgezeichnet.

Das Axiom von dem Vorrang des Geistes vor der Materie wird heute nicht mehr anerkannt. Sei es nun, daß es einem theoretischen Materialismus gewichen ist, sei es, daß es in einer an Wohlstand, Genuß und Konsum orientierten Gesellschaft auf dem Altar eines praktischen Materialismus geopfert wurde.

Dieser Verlust der Transzendenz hat aber weitgehende Konsequenzen. Zunächst verändert er das Lebensgefühl des einzelnen. Der Mensch wird einerseits auf sich selbst zurückgeworfen. Er gilt nur noch so viel, wie er hat, kann oder leistet. Das Handeln des Menschen wird zunehmend nur an der Frage des Erfolges gemessen, wobei Erfolg den materiellen Gewinn bezeichnet. Es versteht sich von selbst, daß dabei wertorientiertes Handeln oft auf der Strecke bleibt. Gut ist, was nützt, gut ist, was Spaß macht. Die Auswirkungen solcher Handlungen begegnen uns jeden Tag und wir werden erst allmählich merken – so wie bei der Umweltzerstörung, wohin der Verlust an Transzendenz und der Verlust der Bindung an das Göttliche uns führt. Es steht heute schon die alte Frage vor uns, ob es überhaupt gelingen kann, eine sittliche Ordnung zu garantieren, ohne sie in der Transzendenz festzumachen.

Der enge Zusammenhang zwischen Transzendenz und Menschenwürde tritt für den aufmerksamen Betrachter klar zu Tage. Wir sprechen heute viel von Freiheit und Menschenwürde. Gelegentlich läßt sich aber der Eindruck nicht verwehren, daß wir am meisten von dem sprechen, was uns fehlt. Der Mensch früherer Zeiten konnte auf zwei Verankerungen sicher bauen: Die Verwurzelungen in seinem Herkommen und die feste Hoffnung auf seine ewige Zukunft. Heute scheint der Mensch dieser beiden Pfeiler beraubt. So wird seine vermeintliche Freiheit immer mehr zu einer bloßen Ungebundenheit. Diese zeigt sich im Mangel an menschlicher Bereitschaft zu Opfer, Verzicht und persönlicher Bindung. Sie zeigt sich in der gewissenlosen Manipulierbarkeit des einzelnen im Namen von Profit und Ideologie. Mit dieser Pseudo-Freiheit ist der Mensch freilich auch eines Schutzes beraubt worden, jener letzten Achtung und Würde, die jedem menschlichen Leben zukommt, weil es das Abbild des lebendigen Gottes in sich birgt. Dieses Schutzes hat der Mensch sich beraubt. So ist der einzelne auf einen fragwürdigen Schutz angewiesen, der ihm von Mehrheiten, von Gesetzen, im schlimmsten Fall von einer Partei zugebilligt wird. Das Recht derjenigen, die keine Lobby haben, ich denke hier an die ungeborenen Kinder, bleibt völlig auf der Strekke.

Ein Europa der Zukunft kann nur bestehen, wenn es die Menschenwürde, die Freiheit des einzelnen und die Selbstbestimmung festmacht in unserem europäisch-abendländischen Erbe, daß der Mensch das Abbild des lebendigen Gottes ist und daß ihm der Geist als Angeld der kommenden Welt geschenkt wurde.

Die Überlegungen zur Begründung menschlicher Würde und Freiheit führen uns direkt zur Frage nach dem gesellschaftlichen Grundmodell. Hier steht Europa wie Herakles am Scheideweg. Wenngleich die Verhältnisse ungleich komplizierter sind, als ich sie hier in der gebotenen Kürze darzustellen vermag, scheinen mir doch zwei hauptsächliche Modelle in der Diskussion.

Lassen Sie mich vereinfacht von einem kollektivistischen und einem privatistischen System sprechen. Beide sind übrigens in ihren Wurzeln, ich habe das schon einmal angedeutet, vom Materialismus bestimmt. Da versucht man sich seit einigen Jahrzehnten mit höchst fraglichem Erfolg in der Erprobung kollektivistischer Wirtschafts- und Gesellschaftsordnungen. Der einzelne gilt wenig, die Gesellschaft, oft nur die Partei, zählt alles. Letztlich ist es die Gesellschaft oder die Partei, die dem einzelnen seine Bedeutung zuspricht, was meistens in der Form von Ordensverleihungen oder Heldenbezeichnungen geschieht. Es bedarf keines besonders sensiblen politischen Gespürs, den Bankrott dieser gesellschaftlichen Theorie zu konstatieren. Die Geschichte selbst hat hundert Jahre nach dem Tod von Marx, die auf seinen Thesen aufbauenden Systeme als Irrwege erwiesen. Für Europa ist hier keine Perspektive zu finden.

Dies gilt aber auch für einen westlichen Privatismus, dessen treibende Kräfte – Profitgier, Konsum und Besitzstreben – oft einhergehen mit einem sittlichen Minimalismus und moralischer Permissivität.

Eine am Christlichen orientierte Gesellschaftsordnung wird sich gegen eine kollektivistische Sicht ebenso wenden wie gegen einen privatistischen Individualismus. Weil der Mensch sowohl je einzelner ist mit der Würde der Gottesebenbildlichkeit ausgestattet als auch »animal sociale« müssen wir die Würde der Person verteidigen und zugleich das Wohl der Gemeinschaft einfordern. Gerade hier erscheint mir ein wesentlicher Beitrag der Kirche für die Vision eines geeinten Europas zu liegen. Die Vorstellung von der unverwechselbaren Würde jedes einzelnen, die in Gott ihren letzten Grund hat, führte zur Überwindung der antiken Klassengesellschaft. Die Verpflichtung gegenüber dem Gemeinwohl als spezifischer Ausformung des christlichen Liebesgebotes ließ die Kirche, lange bevor Staaten auf diesen Gebieten überhaupt tätig wurden, zur größten sozialen Kraft der Weltgeschichte werden.

Es zeugt von der oben beschriebenen Geschichtslosigkeit, wenn heute manchmal gefragt wird: Was hat denn die Kirche mit den Schulen zu tun, was will sie denn da? Die Kirche hat die Schulen erfunden. Was hat die Kirche in unserem Krankenhauswesen zu tun? Es gibt heute noch ganze Kontinente, in denen man weiß: Hospitäler sind kirchliche Hospitäler und alles andere geht nicht.

Wenn ich bisher so oft von dem neuen und kommenden Europa gesprochen habe, so bedarf dies noch einer Konkretion. Auch für die Gesellschaft des 3. Jahrtausends gilt, daß sie ihr Gepräge und ihr Gesicht durch die Persönlichkeit des einzelnen erhalten wird. Letztlich sind es die Menschen, die die Zeiten machen und nicht umgekehrt. Woher aber kommen diese Menschen? Wo ist der zentrale Ort einer Prägung und Befähigung für ein Leben in Würde, Verantwortung und Freiheit? Die Antwort auf diese Frage verweist uns primär auf die Familie und sekundär auf den Bereich von Schule und Universität.

Die Familie ist unverzichtbare, und deshalb vom Staat zu schützende und mit allen zu Gebote stehenden Möglichkeiten zu fördernde Institution menschlicher Sozialisation. Die Familie ist Voraussetzung für das Wachsen des Menschen vom Ich zum Wir. Was für die Gesellschaft gilt, nämlich Anspruch des einzelnen und Verantwortung für das Ganze, muß in der Familie eingeübt werden. Die Familie ist Testfall und primärer Ort der Einübung von menschlichem Verhalten. In der Familie lernt der Mensch jene sozialen Tugenden, ohne die eine Gesellschaft nicht bestehen kann.

Die Grundlagen der Familien sind aber heute auf vielfache Weise bedroht. Der Einfluß der Medien ist hier ebenso zu nennen wie die Auflösung sittlicher Überzeugungen im Zusammenleben von Mann und Frau. Eine alle menschlichen Eigenheiten aufhebende Emanzipation bedroht die Familie ebenso wie bestimmte Arbeits- und Produktionsprozesse. So gilt es, die Familie zu stärken. Wir haben heute in Deutschland schon jedes Jahr 100 000 neue Scheidungswaisen. Was das für die Gesellschaft von morgen bedeutet, können wir uns ausmalen. Materielle Hilfen, etwa durch familiengerechte Steuerpolitik, sind die eine Seite. Die andere Seite ist vielleicht noch bedeutender. Sie betrifft den Schutz junger Menschen vor einer permanenten Verführung ihrer werdenden Persönlichkeit durch die Massenmedien. Sie betrifft aber auch den Bereich von Schule und Bildung. Gerade in diesem Bereich – ich erwähnte es schon – kann die Kirche auf große Erfahrungen zurückblicken. Sie wird deshalb nicht nur das Recht auf ihre eigenen Schulen und Universitäten stets einfordern, sondern auch stets darum bemüht sein, daß das öffentliche Schulsystem nicht nur Wissensvermittlung betreibt, sondern zur Persönlichkeitsbildung im Geiste abendländischer Tradition beiträgt. Neben der Familie wird es sich im Bereich von Bildung und Erziehung entscheiden, ob die heranwachsenden Menschen zur geistigen Auseinandersetzung mit den verschiedenen Ideologien in der Lage sein werden. Im Familien- und Bildungswesen wird es sich entscheiden, ob die Vorgabe unserer christlich abendländischen Vorstellung vom Menschen noch einmal reales Leben zu stiften vermag.

Quo vadis Europa? Nun gibt es bei der Aktualisierung der europäischen Einigung, wie sie uns jetzt bevorsteht, im Grunde drei mögliche Wege.

Der erste und einfachste wäre die Einigung auf der Stufe gemeinsamer Kälbermastverordnungen, Agrarpreisabsprachen, Währungsbestimmungen oder auch gegenseitige Anerkennung wissenschaftlicher Diplome und gerichtlicher Urteile. Das wäre auch gar nicht so schlecht. Schließlich hat ja auch die deutsche Einigung im letzten Jahrhundert mit einem Zollverein begonnen. Nur für eine solche europäische Einigung brauchen Sie nicht den Rat eines Bischofs. Und deshalb finden Sie auch in meinen Ausführungen nichts darüber.

Zweitens: Man könnte dem Ganzen etwas Poesie einhauchen. Etwa nach Art der Vereinten Nationen, die ja auch schon in ihrer Charta von 1945 ihre Prinzipien ihr eigen genannt haben und diese Charta dann von Stalin und seinen Vasallen unterschreiben ließen, ebenso wie die große Menschenrechtserklärung von 1948. Man könnte also mit Fiktionen arbeiten. Solchen Fiktionen gegenüber hat die Kirche im letzten Jahrhundert eine gewisse Toleranz gezeigt. Zumal wenn sie fromm waren und gewissermaßen als Desiderate, als Zielvorstellungen für das womöglich noch zu Erreichende eingesetzt wurden.

Doch wenn die heute über die geistigen Grundlagen europäischer Einigung sprechen, geht es natürlich um mehr. Dann geht es darum, diesem neuen Europa eine Seele einzuhauchen. Aus dem Schatz des christlichen Glaubens auch in Zukunft die Werte und Wahrheiten zu schöpfen, die eine Gesellschaft, ja eine Gemeinschaft ermöglichen, in der der Mensch scine Gottebenbildlichkeit voll verwirklichen kann.

Da gilt es dann auch, die Grenzen des Pluralismus aufzuzeigen und die Gültigkeit naturgegebener und göttlicher Wahrheit in einem neuen Grundkonsens festzuschreiben.

Was da konkret auf uns zukommen kann, darauf hat das kürzlich ergangene Urteil des Europäischen Gerichtshofes für Menschenrechte im Falle Norris gegen die Republik Irland ein Schlaglicht geworfen. Ich meine das Urteil, das Irland zwingt, eine Gesetzgebung, die christlichen Normen entspricht, aufzuheben. Soll der Konsens auf dem niedrigsten gemeinsamen Level zustandekommen oder soll der künftige Konsens unseres gemeinsamen Erbes, von dem die Rede war, würdig sein?

Ich muß Ihnen ehrlich sagen, mir graut vor der Vision

eines so genormten Europa, in dem alle Höhen eingeebnet sind, in dem es keine Beter mehr gibt, sondern nur noch Konsumenten, keine Philosophen, sondern nur noch Philosophieprofessoren, keine Heiligen, sondern nur noch Pastoralmanager, (– »Bayern sollen zuhören!« –) keine Reinheitsgebote, sondern nur noch Marketing und zwar Marketing für Produkte, für Wert und für Menschen.

Nun hat niemand dieses Anliegen deutlicher und prägnanter ausgedrückt als der Papst, der hier vor wenigen Wochen zu Ihnen gesagt hat: »Wenn die religiöse und christliche Grundlage dieses Kontinents in ihrer Funktion als inspirierende Quelle der Ethik und in ihrer gesellschaftlichen Wirksamkeit an den Rand gedrängt werden sollte, dann würde nicht nur das gesamte Erbe der europäischen Vergangenheit geleugnet, sondern mehr noch wäre eine Zukunft für den europäischen Menschen, ich sage für jeden europäischen Menschen, gläubig oder ungläubig, schwer gefährdet.«

So mündet diese Stunde – wie kann es bei einem Bischof anders sein – in einen Appell an Sie alle: Schöpfen Sie aus den Quellen der Geschichte, aus den Quellen christlichen Glaubens, um in Kraft und Selbstbewußtsein mitzuwirken bei der Schaffung der geistigen Grundlagen des neuen und einigen Europas.

BERATUNG

5. Mai 1991

Die letzten Jahrzehnte haben uns in Deutschland eine gewaltige Entwicklung auf dem Gebiet institutioneller Beratung gebracht. Heute gibt es öffentliche Beratungsstellen für so gut wie alles und jedes: Verbraucherberatung und Verweigererberatung, Schwangerschafts- und Adoptionsberatung, Ausländer- und Jugendberatung, Aids-, Sucht- und Drogenberatung, bis hin zur Sexualberatung, die in der rot-grünen hessischen Koalitionsvereinbarung gerade eine spezielle Hervorhebung erfahren hat. Nun darf man in so vielfältigen Hilfsangeboten durchaus einen Fortschritt sehen, zumal in einer Welt, die mit einer ebenso vielfältigen Gesetzgebung das Leben der Menschen kompliziert hat. Aber die allumfassenden Beratungssysteme bergen auch Gefahren in sich, die wir nicht übersehen sollten.

Einmal kann das Sicherheitsnetz der sozialen Beratung eben auch wirklich zum »Netz« werden, das heißt, wenn ganz normale und natürliche Ereignisse und Belastungen im Leben grundsätzlich oder übermäßig problematisiert werden, kann das den freien Flug, den Mut zum Risiko und zu selbstverantworteter Entscheidung auch bremsen. Jedenfalls ist mir aufgefallen, daß asiatische oder afrikanische Jugendliche wesentlich eher selbständig wirken und auf eigenen Beinen stehen, als das bei uns der Fall ist.

Zum anderen fällt es kaum noch auf, wie sehr die natürlichen Berater des Menschen, Mütter und Großmütter, Väter und Großväter, Priester und Lehrer bei dieser Entwicklung in den Hintergrund treten, mit all dem, was sie aus größerer menschlicher Nähe und Lebenserfahrung zu bieten hätten.

Schließlich ist in unserer Zeit auch die Gefahr nicht zu übersehen, daß Seelsorge und Verkündigung als bloße Beratung angeboten werden. So da, wo man nicht mehr die persönliche Sünde des Menschen sieht, die Buße, Umkehr und Vergebung braucht, sondern nur noch sozial bedingte menschliche Schwächen, die bloß Verständnis brauchen. So da, wo die Herausforderung des Evangeliums, die den Menschen treffen soll bis zur »Scheidung von Mark und Bein«, auf das hin, was man heute als »zumutbar« ansieht, wegberaten wird.

Wir alle sind Zeugen der unglaublichen Begriffsverwirrung, die zur Zeit in der Frage des Schutzes der ungeborenen Kinder eingetreten ist und durch die unsere verdienstvollen kirchlichen Beratungsdienste einem unerhörten Druck von allen Seiten ausgesetzt werden. Es ist ja beschämend, daß der Grundsatz, daß keinerlei Schwangerschaftsberatung zur Tötung unschuldigen Lebens führen darf, überhaupt – und das bis in sich christlich nennende Kreise hinein – in Frage gestellt werden kann.

Die Kirche wird niemandem im Stich lassen, der wirklich Rat und Hilfe sucht, aber eines muß klar sein: Wenn die Fristentötung (hier von »Lösung« zu sprechen ist eiskalter Zynismus, der schaurige historische Reminiszenzen wachruft), wenn also die Fristentötung mit Pflichtberatung zum Gesetz werden sollte, dann wird keine kirchliche Stelle im Bistum Fulda (und wohl nicht nur hier) mehr einen »Beratungsschein« ausstellen. Denn kein Staat hat ein Recht auf die Ausstellung von Tötungslizenzen.

Im übrigen wäre anzufragen, ob die Vollstreckung solcher Beratungsergebnisse, ob die Tötung unschuldiger Ungeborener überhaupt noch Ärzten zugemutet werden darf, die dem Hippokratischen Eid verpflichtet sind. Wo Todesurteile vollstreckt werden, greift man im allgemeinen nicht auf Fachärzte, sondern auf andere Berufskategorien zurück.

MIT KINDERN LEBEN

1. September 1991

Das Leitwort des kommenden Caritas-Sonntags »Mit Kindern leben« ist bezeichnend für unsere Zeit. Es sollte uns nachdenklich machen, daß ein solches Leitwort, ein solcher Aufruf, überhaupt notwendig werden konnte. Denn jahrtausendelang war es ja die größte Selbstverständlichkeit, mit Kindern zu leben. Jede Generation gab das Leben an die zukünftige Generation weiter und sicherte so das Überleben aller. Wir sind nun wirklich die erste Generation der Geschichte, der die technisierte Zivilisation die Mittel an die Hand gibt, auf bequeme Weise auch ohne Kultur leben zu können – und die davon auch recht ausgiebig Gebrauch macht.

Die Verlagerung des Interesses von der künftigen auf die eigene Generation – vom diversen Emanzipationsbewegungen immer noch kräftig unterstützt – hat aber unausweichliche Folgen auch für die eigene Zukunft dieser Generation. Zunächst die nüchternen Zahlen. 1910 kamen auf 50 Ältere (über 65) 340 Kinder und Jugendliche (bis 14). 1990 kamen auf 50 Ältere 50 Jugendliche, und wenn die Entwicklung sich so fortsetzen sollte, haben wir 2040 auf 50 Ältere noch 20 Jugendliche.

Nun geht es hier natürlich nicht bloß um bevölkerungspolitische Statistik, sondern um das Leben des Menschen. Wenn heute aber in unserer Generation schon jede zweite Schwangerschaft problematisiert und jede dritte abgebrochen wird, man also das Aufziehen und die Pflege von Kindern weitgehend als unzumutbar betrachtet, für wie unzumutbar wird die von uns dezimierte kommende Generation dann erst die jahrzehntelange Pflege der wachsenden Überzahl von Alten halten? Und wenn heute schon alle möglichen Bedingungen gestellt werden, um ungeborenes Leben nicht zu töten, wie werden die gesellschaftlichen Bedingungen für den Schutz alten und pflegebedürftigen Lebens in Zukunft aussehen? In einem Gespräch über den heute schon so bedrückenden Pflegenotstand sagte mir vor kurzem eine aufgeweckte Mittzwanzigerin spontan: »Tja, da muß dann eben Liebe da sein oder die Kohle muß stimmen!« Nun kann alle »Kohle« der Welt Liebe nicht ersetzen, aber da sind wir am springenden Punkt: Allein Liebe ist es, die Leben schenkt, Leben garantiert, Leben weitergibt, Elternliebe, Kindesliebe, von Generation zu Generation. Wo dieser Generationenvertrag in blindem Egoismus abgebrochen wird, entstehen keine gesunden und glücklichen Familien mehr, die das unersetzliche Fundament für die Zukunft menschlichen und menschenwürdigen Lebens bilden; da werden die Quellen des Lebens selbst zugeschüttet. Und deshalb sollten wir als Menschen, die ihr Leben opferbereiten Eltern verdanken, als Christen und als Staatsbürger alles tun, um die Familie zu schützen und in jeder Weise zu fördern. Allerdings wird selbst die familiengerechteste Gesetzgebung den Schlüssel dafür nicht liefern können, wie das »mit Kindern leben« aus der Kategorie sozialer Belastung in die Kategorie menschlicher Erfüllung erhoben werden kann: Kinder lieben!

FORTSCHRITT

5. Januar 1992

Konservativ« genannt zu werden, war einem früher eher peinlich. Nach dem Schicksal, das die sogenannten »Fortschrittlichen« in den letzten Zeiten erfahren mußten, ist es nicht mehr ganz so unangenehm. Auf dem Gebiet von Wissenschaft und Technik haben sich die Grenzen und Gefahren des »Fortschritts« ja überdeutlich gezeigt. Aber auch auf politischem und gesellschaftlichem Gebiet haben Strömungen wie Marxismus und Sozialismus in all ihren Formen, die ja lange Jahre den Fortschritt geradezu zu verkörpern behaupteten, uns an den Rand des Abgrunds geführt. Am Abgrund aber ist nun wirklich jeder weitere Fortschritt tödlich.

Es zeigt sich immer deutlicher, daß man den Fortschritt nicht so naiv wie bisher als etwas Wünschenswertes begrüßen darf, ohne zu prüfen, wovon er eigentlich »fort«schreitet und zu welchem Ziel er hinschreitet. Ein Beispiel mag das veranschaulichen. Wenn demnächst, wie bei der jetzigen Entwicklung mit Sicherheit zu erwarten ist, der bereits gefundenen sanften Babytötungspille die sanfte Einschläferungspille für Oma und Opa folgt, dann ist das rein pharmazeutisch gesehen zwar ein Fortschritt, menschlich gesehen aber ein Rückschritt in die Ära steinzeitlicher Nomaden, die beim Weiterziehen ihre hilflosen Alten im Schnee zurückließen, weil sie für den Stamm eine für unzumutbar gehaltene Belastung darstellten.

Auch dem »verlorenen Sohn« erschien der Aufbruch aus dem Vaterhaus mit prall gefüllten Beuteln sicher als ein Fortschritt. Später mußte er dann einsehen, daß der wahre Fortschritt in der Rückkehr zum Vater bestand.

Damit sind wir bei der Frage des Fortschritts in Christentum und Kirche. Was hier neuerdings an Fortschritten verlangt und an »Fortschrittlichem« angepriesen wird, muß ebenso kritisch geprüft werden. Wenn sich dann – wie im Fall Drewermann – herausstellt, daß die Preisgabe elementarer Bestandteile des katholischen Glaubens, ja sogar von Teilen des CREDO (»Empfangen vom Heiligen Geist, geboren aus Maria, der Jungfrau«) als besonders fortschrittlich gilt, dann liegt, wie Reinhard Löw richtig bemerkt hat, die Konsequenz nahe, daß der fortschrittlichste Christ der ist, der sich bemüht, das Christentum und damit die Kirche überhaupt abzuschaffen.

Demgegenüber muß auffallen, daß die Predigt Jesu, ebenso wie die seines Vorläufers Johannes mit einem klaren »Kehrt um!« beginnt. Schon den Propheten des Alten Bundes war aufgefallen, daß »Fortschritte« im politischen, kriegerischen, vor allem aber wirtschaftlichen Bereich die Tendenz hatten, das Volk Gottes vom Herrn zu entfernen. Immer wieder rufen sie daher das Volk »zurück« zum Herrn, was schon damals – wie das Schicksal so vieler Propheten zeigt – keine angenehme oder dankbare Aufgabe war.

Da das Ziel des Christseins in der Nachfolge Christi liegt, sind die fortschrittlichsten Christen die Heiligen. Daran muß sich jeder messen lassen und das muß begreifen, wer in der Kirche von Fortschritt reden will: Nur wenn ich auf Gott zugehe, ist jeder Schritt ein echter Fortschritt, entferne ich mich aber von Gott und seinen Geboten, dann habe ich allen Fortschritt hinter mir gelassen. So wünsche ich allen Gläubigen in diesem Jahre einen wirklichen Fortschritt: daß sie am Ende des Jahres Gott einen Schritt näher gekommen sein mögen – nicht nur im Ablauf der Zeit, sondern auch in ihrem ganzen Sein und Leben.

DEN SCHATZ ENTDECKEN

Mariä Himmelfahrt 1992

In diesem Jahr gedenkt man auf der ganzen Welt des 500. Jubiläumsjahres der Entdeckung Amerikas. Im Jahre 1492 war Christoph Kolumbus mit einer kleinen Flottille aufgebrochen, an Bord seiner Karavelle »Santa Maria«, um den Seeweg nach Indien zu finden, und zwar in westlicher Richtung. Nach wochenlanger Fahrt wurde die Besatzung unruhig, da gab es kleine Meutereien, man war sich uneinig darüber, wie das restliche Brot verteilt werden sollte, der Schiffszwieback ging zu Ende, das Wasser wurde rationiert. Am schlimmsten war die Auseinandersetzung über den Kurs. Die einen sagten: Jetzt müssen wir nach Norden fahren, das wird hier viel zu heiß. Die anderen sagten: Nach Süden, nach Westen ist es zu weit. Und die allermeisten wollten nach Hause umkehren und nur noch das Leben retten. Nur Kolumbus wollte weiter auf Kurs bleiben. Die ganze Mannschaft war am Revoltieren. Schließlich gab man ihm ein Ultimatum: Noch drei Tage, und wenn dann kein Land in Sicht ist, kehren wir um mit dem Letzten, was wir noch haben. Am Morgen des dritten Tages hieß es: Land in Sicht! Und man ging an Land, von dem man zunächst noch glaubte, es wäre Indien. Aber man entdeckte einen ganz neuen großen Kontinent, ja man hatte eine neue Zeit entdeckt.

Mir kommt die Kirche in unserer Zeit manchmal vor wie ein Schiff, das einen großen Schatz entdecken und heben soll und auf dem es zu solchen Querelen kommt, weil sich Besatzung und Leitung des Schiffes einander den Kurs und die Verteilung der Rollen streitig machen. Und sie sehen das Ziel gar nicht mehr, das, was sie eigentlich entdecken sollen, den Schatz, den Reichtum, der da vor ihnen liegt.

Sieht es in unserer Kirche nicht ein wenig so aus, als ob wir über allen möglichen Kämpfen und Rangeleien zweiter und dritter Ordnung das ganz große Ziel aus den Augen verlieren?

Um einen Schatz zu finden, braucht man jemanden, der den Weg zeigt, der weiß, wo dieser Schatz liegt. Und das feiern wir heute am Fest der Aufnahme Mariens in den Himmel, am Fest ihrer Vollendung. Maria, die den Herrn in Leib und Leben aufgenommen hat, ist vom Herrn aufgenommen worden in seine ewige Herrlichkeit. Sie hat den Schatz gefunden, sie hat all das gefunden, was Gott ihr verheißen hat, in einer unaussprechlichen Fülle und Vollendung. Und Gott hat sie uns zur Mutter gegeben, daß sie uns zu diesem Schatz hinführt, daß sie, die diesen Weg gegangen ist, all denen, die ihr vertrauen, den Weg zeigt.

Welchen Schatz entdecken wir an der Hand der Mutter Gottes? Zuallererst das Gold des wahren und festen Glaubens, des unerschütterlichen Glaubens, den sie gelebt hat. Wenn wir bedenken, in welcher menschlichen Situation sie das Wort Gottes traf: sie verstand es nicht einmal, wie das geschehen sollte – aber sie hat geglaubt. Sie ist die Krönung all der Menschen, die auf Wort und Anruf Gottes hin geglaubt haben.

Noach hat geglaubt, hat die Arche gebaut und die Welt hat ihn verlacht. Und wie mögen wohl die Zeitgenossen des Abraham reagiert haben, als er aus seiner angestammten Heimat aufbrach, um auf den Ruf Gottes hin in ein Land als Nomade zu ziehen, das er überhaupt nicht kannte. Und ebenso die, die auf Jesu Wort hin glaubten und für diesen Glauben in den Tod gegangen sind. Wieviele Martyrerfeste feiern wir im Jahr! Unzählige, die für ihren Glauben in den Tod gegangen sind. Diesen Glauben finden wir, wenn wir uns von der Mutter Gottes führen lassen. Einen Glauben, der in diese Welt hineinlachen kann, der sich nicht von jedem »Monitor« und jedem »Report« umwerfen läßt.

Und sie führt uns zu dem Juwel der Hoffnung: Sie, die all ihre Hoffnungen erfüllt gefunden hat; sie, deren Schicksal ja unsere Hoffnung, unsere Zukunft ist, denn was an ihr geschehen ist, soll nach dem Heilsplan Gottes auch an uns geschehen. Hoffnung auf den einzigen, auf den wir hoffen dürfen. Hoffnung, von der der heilige Paulus sagt: Ich halte dafür, daß all die Leiden der Gegenwart nichts sind gegenüber der Herrlichkeit, die einmal an uns offenbar werden wird, die Gott denen bereitet hat, die ihn lieben.

Und damit sind wir bei dem eigentlichen Schatz der Liebe Gottes. Denn Hoffnung ohne Liebe wäre nur eine fromme Spekulation. Maria führt uns zu den Quellen der großen Liebe Gottes. Schon unsere eigene Existenz ist ein Beweis der Liebe Gottes. Mich gäbe es gar nicht, wenn Gott mich nicht vom Anfang her geliebt hätte! Und er will seine Liebe in mich einströmen lassen durch seine Sakramente. Er will, daß wir ihm nah sein können und deshalb schenkt er uns die Vergebung der Sünden. Er will uns immer wieder rein werden lassen, einen neuen Anfang schenken. Aber diese Gnade müssen wir entdecken, müssen wir in Anspruch nehmen. Er schenkt uns seine Liebe ganz besonders in der heiligen Eucharistie, in dieser Stunde. Das ist ein Gipfel der Liebe, der Annahme zwischen Gott und dem Menschen.

Gottes Liebe soll in unsere Herzen strömen. Und wer

Gottes Liebe entdeckt hat, der kann wiederum mit dem heiligen Paulus ausrufen: »Und alles andere erachte ich als Verlust, als Unrat, als Kehricht! Nur Christus will ich besitzen und in ihm leben.« Diesen Schatz entdecken wir, wenn wir Maria, der Mutter Gottes, vertrauen.

Kehren wir noch einmal zu dem Anfangsbild von der »christlichen Seefahrt« zurück. In der Armada Gottes schwimmt in dieser Zeit auch die Karavelle »Bistum Fulda«. Und das möchte ich allen versprechen, die auf die Mutter Gottes vertrauen, die die Mutter Gottes anrufen in diesen wirren Zeiten: Solange der liebe Gott mir dieses Schifflein anvertraut, wird die Karavelle Fulda nicht irgendwelchen Irrlichtern folgen, sie wird auch nicht im Kreis um sich selbst herumfahren, sondern wir werden unserem Flaggschiff folgen, das da heißt »Santa Maria«, in der festen Gewißheit, daß das der rechte Kurs ist – geradewegs in den himmlischen Hafen, unmittelbar in die ewige Herrlichkeit.

WIR GEHÖREN DAZU

Allerheiligen 1992

Wenn wir an Pfingsten den Geburtstag der Kirche feiern, dann an Allerheiligen unser aller Namenstag. Denn wir alle sind die berufenen Heiligen, das Volk, das Gott sich ausgesucht hat – seine Kinder zu sein und als seine Kinder selig zu werden.

Wenn wir uns an diesem Fest einmal bewußt werden, welch großer Familie wir angehören in der Kirche Gottes: Das sind ja nicht nur wir Jetzigen, alle Seelen der Verstorbenen gehören dazu; wir hören von Aposteln, Propheten, Märtyrern, von Chören der Engel – all das ist unsere Kirche. Und wir sind dabei.

Wir gehören zur Kirche der Apostel, die das Fundament gelegt haben, auf dem wir weiterbauen. Das heißt, daß in uns allen etwas von diesem apostolischen Geist leben muß, der Glauben weitergibt, der diesem Glauben der Apostel treu ist in unserer Zeit.

Nicht jeder von uns kann ein Prophet sein. Manchmal versuchen das zuviele auf einmal und dann kann es danebengehen. Aber daß wir den wahren Propheten gehorchen und Gefolgschaft leisten, darauf kommt es an. Als Elia von sich sagte, nur noch ein Prophet ist übriggeblieben, und er seine Stimme erhob als einsamer Rufer des Herrn, da gab es 450 Propheten des Baal, 450 falsche Propheten, die alles prophezeiten, was dem Volk gefiel und die viel Zulauf und Beifall fanden. Übertragen wir das einmal in unsere Zeit. Wieviel Propheten gibt es heute, denen das Volk zuläuft, die kommen und gehen.

Und die Märtyrer – aus ihrem Blut ist die Kirche

gewachsen. Auch hier gilt: nicht jeder von uns ist zum Blutzeugnis berufen. Aber das ganz kleine Martyrium, das Zeugnis im Alltag kann auch Zeugnis sein und gibt Glauben und Hoffnung weiter. »Ihr sollt meine Zeugen sein!« Wenn wir keine blutige Christenverfolgung haben, dann heute doch eine unblutige. Da sollen wir uns einreihen unter die Zeugen des Glaubens, die Zeugen Christi!

Und die Chöre der Engel gehören dazu. Das ist eine Verwandtschaft, die wir oft vernachlässigen: Die Engel, die Gott geschaffen hat. Wir haben hier ja das Glück, daß wir einen Kirchenchor haben, der uns ahnen läßt, was uns mit den Chören der Engel bevorsteht. Aber wenn die Chöre der Engel uns einmal mit ihrem Klang erfüllen, dann hört das nie mehr auf, dann ist die Ewigkeit da. Sind wir uns dessen bewußt, daß wir, selbst wenn wir schon reif, ja sogar alt sind und auf den Tod zugehen, in unserem Leben noch ganz am Anfang stehen? Wir sind noch da, wo die Körner ausgesät unter der Erde schlummern. Erst wenn wir unser irdisches Leben aufgegeben haben, gehen wir wie das Korn auf in das ewige Leben.

Wir sind noch am Anfang, wenn wir bedenken, wer zur Gemeinschaft Allerheiligen, wer zur Familie Gottes gehört. Aber dieses Leben, so kurz es ist angesichts der Ewigkeit, ist von entscheidender Bedeutung. Denn ob wir es entwickeln und wie wir es angehen, das entscheidet unser Dasein in Ewigkeit.

Wir haben den Herrn selbst gehört, der uns in den Worten des Evangeliums von den Seligkeiten der Kinder Gottes gesprochen hat. Keiner von uns wird diese Seligkeiten alle einmal verwirklichen können, aber vielleicht doch die eine oder die andere. Denn das ist der Weg ins Leben, der Weg ins Glück.

»Selig, die reinen Herzens sind, sie werden Gott schauen.« In einer Welt, wo Ströme von Unflat ausgegossen werden – reinen Herzens bleiben, um Gott zu schauen! Deshalb ist uns der Blick auf Gott so oft vernebelt. Prüfen wir uns einmal, was wir ändern können, um reinen Herzens zu bleiben, so daß wir Gott schauen können.

»Selig, die Frieden stiften.« Mit Ohnmacht schauen wir zu, wenn wir an Bosnien, Kroatien, Aserbeidschan denken. Da können wir kaum Frieden stiften. Aber wir können es in der eigenen Familie, am eigenen Arbeitsplatz. »Selig, die Frieden stiften, sie werden Kinder Gottes genannt werden.«

Wir sind jetzt schon Kinder Gottes – wie wir es bei Johannes gehört haben –, jetzt schon gehören wir zu dieser wunderbaren Familie Gottes. Und was einmal sein wird, wenn wir in dieser Kirche aller Heiligen bleiben und Heilige Gottes werden, das können wir uns noch gar nicht vorstellen. Jeder so, wie er es kann. Jede so, wie sie berufen ist. Und das wollen wir an diesem Tage feiern, in dieser Stunde, da wir vor Gott stehen. Allerheiligen – ich bin dabei!

BRIEF AN SEMINARISTEN

6. Dezember 1992

Liebe Seminaristen!

Nachdem wir Bischöfe uns kürzlich mit einem besonderen Schreiben an unsere Priester gewandt haben, möchte ich auch an Sie, unsere Priesteramtskandidaten im Fuldaer Priesterseminar, ein eigenes Wort richten. Dazu besteht um so mehr Anlaß, als in den letzten Monaten verstärkt Äußerungen kolportiert wurden, nach denen die zölibatäre Lebensform des Priesters oder die in apostolischer Tradition gewachsenen Zulassungsbedingungen zum priesterlichen Amt in Frage gestellt oder geändert werden sollten.

Wenn Sie aber in einem Punkt das Recht auf eine sichere und klare Auskunft haben, dann in diesem, der ja für Ihr weiteres Leben von großer Bedeutung ist. Und deshalb meine ich, daß schon die Fairneß es gebietet, Ihnen ganz deutlich zu sagen, daß die katholische Weltkirche beim Zölibat des Priesters bleibt.

Wir stehen da ganz auf dem Boden des II. Vatikanischen Konzils, das sich mit überwältigender Mehrheit (2390 Ja-Stimmen gegen 4 Nein-Stimmen) für den priesterlichen Zölibat entschieden hat als einem »lebendigen Zeichen der zukünftigen, schon jetzt in Glaube und Liebe anwesenden Welt, in der die Auferstandenen weder freien noch gefreit werden« (Presbyterorum ordinis 16).

Ebenso eindeutig hat sich die Römische Bischofssynode entschieden und hinzugefügt: »Eine geringere Zahl von Priestern, die dafür dieses leuchtende Lebenszeugnis geben, wird deshalb mit größerer apostolischer Fruchtbarkeit wirken als eine größere Zahl anderer« (Bischofssynode 1971, Nr. 20).

Schließlich möchte ich Sie an die Worte erinnern, die uns Papst Johannes Paul II. in Fulda selbst am 17. November 1980 zugerufen hat: »In Christus hat der Mensch ein Anrecht auf solche Größe. Und die Kirche hat durch denselben Christus ein Anrecht auf das Geschenk dieses Menschen: auf eine Gabe, durch die der Mensch sich selbst ganz an Gott verschenkt, bei der er auch den Zölibat erwählt um des Himmelreiches willen, um der Diener aller zu werden.«

So sage ich Ihnen als Ihr Bischof in alle Offenheit: Ich will keinen von Ihnen zum Priester weihen, der den Zölibat bloß auf sich nimmt, weil das Kirchenrecht es so vorsieht. Ich will Sie nur dann zu Priestern weihen, wenn Sie den Zölibat aus Liebe zu Christus auf sich nehmen, um als Jünger Christi denen anzugehören, die all das verlassen haben, um ihm nachzufolgen.

Sie wissen, daß der Zeitgeist auch an vielen unserer Gläubigen in den Gemeinden nicht spurlos vorübergegangen ist. So kann ich Ihnen das Geschenk der ungeteilten Wertschätzung Ihrer Ganzhingabe vielerorts nicht mehr anbieten. Dazu hat der Papst den deutschen Bischöfen in Fulda gesagt: »Daß der Sinn für die Evangelischen Räte und für die priesterliche Ehelosigkeit weithin abnimmt, bedeutet ebenso einen geistlichen Notstand wie der Priestermangel selbst.«

Es ist ja in der Tat ein höchst zweifelhaftes Wohlwollen, wenn man in Gemeinden, die jahrzehntelang den ungeteilten Dienst ihres Pfarrers angenommen haben, plötzlich die Abschaffung des Zölibats als Patentlösung anbietet. Katholiken, die in dieser Richtung argumentieren, sollten bedenken, daß sie damit das II. Vatikanische Konzil nicht verwirklichen, sondern verraten.

Bitte bedenken Sie auch, daß die Kirche noch nie durch ein Weniger, sondern immer nur durch ein Mehr an Hingabe und Christusnachfolge erneuert worden ist. Die großen Erneuerer der Kirche, der heilige Bonifatius, der heilige Franz von Assisi, die heilige Theresia von Avila, der heilige Karl Borromäus, sind nicht für Lockerungen und Abstriche eingetreten. Sie haben vielmehr die radikale Herausforderung des Gekreuzigten verkündet.

Dieser ebenso heiligen wie bewährten Tradition wollen wir im Bistum Fulda folgen. Liebe Seminaristen. Sie wissen, daß wir nur ein »kleines« Bistum sind und durch Mehrheitsmeinungen nicht verwöhnt werden. Aber gerade aus kleinen Zellen hat der Herr oft neues Leben für seine Kirche erweckt; gerade aus der Treue im Sturm des Abfalls und der Verfolgung ist immer ein neuer Aufbruch hervorgegangen.

Darum zur Ermutigung in diesen stürmischen Zeiten zwei Worte aus der Weltkirche (Bischofssynode 1971):

»Die Häufung und das dauernde Trommelfeuer« der Welt gegen den Zölibat sind »eher ein Zeichen dafür, daß hier ein erstrangiger Wert zur Entscheidung steht« und »Worte bedeuten heutzutage wenig, das Zeugnis des Lebens aber, das die ursprüngliche Radikalität des Evangeliums offenbart, hat mitreißende Kraft!«

FEIERTAGE

4. Juli 1993

Es ist schon erstaunlich, mit welch selbstverständlicher Beflissenheit Politiker aller Couleur – selbst solche mit dem hohen C – in der Pflegeversicherungsdebatte christliche Feiertage zur Verfügung stellen. Diese Feiertage sind uns in Jahrhunderten zugewachsen, sind ein Teil unserer Kultur. An vielen dieser Feiertage geht die liturgische Feier zu allgemeinem Nutz und Frommen noch nahtlos in das Volksfest über. Viele und reiche Traditionen können an diesen Tagen von Gemeinden und Familien gefeiert werden. Wer da liquidieren will, muß sich den Vorwurf des Kulturabbaus gefallen lassen.

Wenn für die Kosten der Pflegeversicherung zusätzliche Tage »geopfert« werden müssen, bieten sich Urlaubstage oder Karenztage eher an. Da wir ohnehin unbestrittene Weltmeister im Urlaubmachen und Krankfeiern geworden sind, wäre das eine Maßnahme, die womöglich sogar zu Straffung und Gesundung führen könnte.

Wenn aber unbedingt Feiertage gestrichen werden müßten, dann natürlich nicht die jahrhundertealten Feiertage (gewissermaßen unsere Ur-Urlaubstage, denn früher waren sie ja die einzigen Urlaubstage des Jahres!), sondern eher die modernen Kunstdaten. Nachdem der 17. Juni ausgerechnet der deutschen Wiedervereinigung zum Opfer gefallen ist, weiß mit dem 3. Oktober im Volk eigentlich noch keiner etwas Rechtes anzufangen. Zu fragen wäre dann auch, ob der 1. Mai – 1933 von der NSDAP zum staatlichen Feiertag erhoben und in den letzten Jahrzehnten im Osten durch Zwangsdemonstrationen belastet – nicht einfach wieder zu dem werden könnte, als was er bisher gefeiert wurde – zum Tag der Arbeit. Für den jüngst in Augsburg gemachten Vorschlag, dann doch den Pfingstmontag zum Staatsfeiertag zu erklären, spräche, so verblüffend er scheint, schließlich die Tatsache, daß der Montag ohnehin schon des Deutschen liebster Feiertag geworden ist ...

In allem Ernst: Die ganze Debatte sollte uns zu einer längst fälligen Rückbesinnung auf unsere eigentlichen Feiertage führen. Was wir an ihnen haben, wie wir sie sinnvoll erleben und erfüllen könnten – vom Weihnachtsfrieden zur Osterfreude zum Pfingstgeist – und wie sehr wir sie oft degradieren. Kein Wunder, daß dann kurzatmige Macher auf die Idee kommen, unser so vernachlässigtes religiöses und kulturelles Erbe als Konkursmasse für aktuelle Finanzierungslücken zu betrachten. Nein, unsere christlichen Feiertage lassen wir uns nicht nehmen. Was uns aufbauen soll, wollen wir nicht abbauen.

ERKLÄRUNG ZUR ABTREIBUNGSGESETZGEBUNG IN DEUTSCHLAND

29. September 1993

Das Bundesverfassungsgericht hat mit seinem Urteil vom 28. Mai 1993 wesentliche Teile des von einer Mehrheit des Bundestages am 25. Juni 1992 beschlossenen »Schwangeren- und Familienhilfegesetzes« für verfassungswidrig und nichtig erklärt. Das Urteil hat »das grundsätzliche Verbot des Schwangerschaftsabbruchs und die grundsätzliche Pflicht zum Austragen des Kindes« als »untrennbar verbundene Elemente des verfassungsrechtlich gebotenen Schutzes für das ungeborene Leben« bezeichnet und unterstrichen, daß der Schwangerschaftsabbruch für die ganze Dauer der Schwangerschaft grundsätzlich als Unrecht angesehen und demgemäß rechtlich verboten sein muß.

Des weiteren und dementsprechend hat das Bundesverfassungsgericht festgestellt, daß die Beratung im Schwangerschaftskonflikt deutlicher als bisher der Zielorientierung auf den Schutz des ungeborenen Lebens hin bedarf; damit hat es die von kirchlichen Beratungsstellen angewandten Kriterien bestätigt und Beratungskonzepten, die von einer freien Verfügbarkeit der Mutter über das Leben ihres ungeborenen Kindes ausgehen, eine Absage erteilt.

So sehr daher viele der grundsätzlichen Ausführungen der Bundesverfassungsrichter zum Schutz des ungeborenen Lebens zu begrüßen sind, desto mehr ist zu bedauern, daß dann aber praktische Verfahrenswege und Lösungen für zulässig gehalten, ja in Vorschlag gebracht werden, die jene rechtsphilosophischen Grundsätze völlig aushöhlen und den Schutz des ungeborenen Kindes auf ein Minimum reduzieren. Denn im Ergebnis läuft das Urteil auf eine Fristenregelung mit vorgeschalteter Pflichtberatung hinaus. An dieser Erkenntnis können auch terminologische Umbenennungen nichts ändern.

Wie immer man das Ganze aber auch nennen will, die vorgeschlagenen Regelungen stehen in einem unüberbrückbaren Gegensatz zu elementaren christlichen Grundsätzen. Denn eine nähere Prüfung des Urteils und seiner Begründung ergibt eindeutig:

– den generellen Verzicht auf strafrechtlichen Schutz für die ersten zwölf Lebenswochen des Kindes;
– die Anerkennung einer letztlich nicht zu hinterfragenden Entscheidungsmacht der Schwangeren über das Leben des Kindes;
– die Hinnahme der gänzlichen Schutzlosigkeit des Kindes, wenn die Frau zur Tötung entschlossen und zur Beratung nur bereit ist, um der Formpflicht Genüge zu tun;
– die Anerkennung eines Begriffes der »Unzumutbarkeit«, der natürlich flexibel dem Zeitgeist angepaßt werden und für die Zukunft unabsehbare Folgen haben kann;
– die Anerkennung von Indikationen über die rein medizinische hinaus; so wirft die embryopathische Indikation bereits die Frage nach der Einstufung von behindertem als »lebensunwertem« Leben auf.

Die Diskrepanz zwischen Theorie und Praxis hat bezeichnenderweise der Vorsitzende Richter Mahrenholz in seiner »Abweichenden Meinung« selbst mit den Worten zum Ausdruck gebracht: »Maßstäbliche

Schutzpflicht und praktische Schutzpflicht lassen sich nicht mehr miteinander verbinden. Insofern steht die Beratungsregelung zum Indikationsmodell des Senats quer.« Wie »quer« das Ganze zum Recht steht, wird auch aus der Tatsache deutlich, daß nunmehr die Strafdrohung wegen der Tötung eines Kindes zwar aufgehoben, die Strafdrohung wegen unterlassener Beratung vor der Tötung aber ausdrücklich aufrechterhalten wird.

Das Bundesverfassungsgericht geht in seinen Vorgaben und Leitsätzen stets davon aus, daß sowohl die Beratung wie auch die von den staatlichen Organen zu erbringenden flankierenden Maßnahmen ganz im Sinne eines entschiedenen und auch wirklich »wirksamen« Schutzes des ungeborenen Lebens erbracht und geleistet werden.

Wem die schrille Urteilsschelte der da in Verantwortung zu nehmenden Minister/-innen noch in den Ohren klingt, der weiß, wie sehr sich die Erwartungen der Bundesverfassungsrichter von der in unserem Staat dominierenden Wirklichkeit abheben. Weit davon entfernt, wenigstens den Linien der im Urteil angebotenen Kompromißlösung zu folgen, wurden in verschiedenen Bundesländern Sofortmaßnahmen ergriffen, um die Konsequenzen des Urteils noch in der Übergangsphase zu umgehen. Hochverschuldete Landesregierung, die seit Jahr und Tag ihre Zuwendungen für Familien, Kindergärten und dringende soziale Anliegen einschränken, fanden plötzlich in ihren Kassen genügend Geld zur schnellen »unbürokratischen« Finanzierung von Abtreibungen. Nüchtern ist festzustellen, daß die Voraussetzungen zur Umsetzung der guten Absichten des Urteils nicht gegeben sind; eher ist das Gegenteil der Fall.

Wir leben in einem Land, dessen Parlament nach den Urteilen des Bundesverfassungsgerichtes in den letzten Jahren bereits zweimal gegen die Normen des Grundgesetzes zum Schutze der Wehrlosesten seiner Bürger, der ungeborenen Kinder, verstoßen hat. Bestürzung darüber ist bei den dafür Verantwortlichen nicht erkennbar, wirksame Besserung ist weder bei der gesetzgebenden Gewalt – wie die inzwischen vorgelegten Entwürfe verschiedener Parteien zeigen – noch bei der regierenden Gewalt zu erwarten. Ich glaube daher, daß der Zeitpunkt gekommen ist, an dem wir ein deutliches Signal des Widerspruchs und der Umkehr zu setzen haben. Es ist an der Zeit, sich aus Einbindungen zu lösen, die der Würde und Freiheit der katholischen Weltkirche nicht entsprechen. Nach reiflicher Überlegung ordne ich daher an, daß im Bistum Fulda die zur staatlich zugestandenen Tötung ungeborener Kinder erforderlichen »Bescheinigungen« bei künftigen Beratungen seitens kirchlicher Stellen nicht mehr ausgestellt werden.

Das heißt nicht, daß wir aus der Beratung »aussteigen«. Ganz im Gegenteil: Bei der heute in der Gesellschaft um sich greifenden Orientierungslosigkeit ist Beratung notwendiger denn je. Wir werden daher mit allen verfügbaren Kräften weiter beraten; wir werden tatkräftig helfen und heilen, wo immer uns das nur möglich ist. Geist und Inhalt unserer Beratungsarbeit müssen aber voll und ganz dem katholischen Glauben und dem göttlichen Recht entsprechen.

Im Urteil des Bundesverfassungsgerichts heißt es jedoch, die Beratung müsse »ergebnisoffen« sein, sie dürfe weder »belehren« noch auf die »Erzeugung von Schuldgefühlen« zielen und selbst wenn die Abtreibung rechtswidrig sei, dürfe sie doch nicht als Unrecht behandelt werden. Ja es findet sich dort sogar folgende Instruktion: »Über die Herausnahme des Schwangerschaftsabbruchs aus der Strafdrohung hinaus muß sichergestellt sein, daß gegen das Handeln der Frau und des Arztes von Dritten Nothilfe zugunsten des Ungeborenen nicht geleistet werden kann.« Keine Nothilfe zugunsten des ungeborenen Kindes? Hier gilt ganz einfach das Wort der Apostel: »Man muß Gott mehr gehorchen als den Menschen« (Apg 5,29). Kirchliche Beratung muß sich am christlichen Glauben orientieren – aus unchristlichen Zwangsjacken müssen wir uns einfach befreien.

Es wäre natürlich ebenso wünschenswert wie gerecht, wenn das zukünftige Gesetz auch eine solche Beratung anerkennen und unterstützen würde. Tut der Gesetzgeber das nicht, so sind nicht wir es, die sich dem Dienst am Menschen verweigern, sondern es ist der Staat, der christlichen Grundsätzen die Anerkennung verweigert.

Ich bin mir dessen bewußt, daß die getroffene Entscheidung für viele Mitarbeiterinnen in unseren Beratungsstellen eine Herausforderung darstellt, für so manche aber auch eine still ersehnte Erleichterung des Gewissens. Alle aber sind aufgerufen, dem neuen Modell ihre volle Mitwirkung nicht zu versagen. Wir werden unser pastorales Bemühen auf diesem Gebiet in vollem Umfang aufrechterhalten, und ich setze da auf unsere bewährten Mitarbeiterinnen wie bisher in vollem Vertrauen. Die Frage der Akzeptanz freier katholischer Beratung kann natürlich nur die künftige Erfahrung beantworten. Dabei darf für uns in erster Linie nicht die Quantität, sondern die Qualität entscheidend sein – vor Gott gilt nicht die Menge unserer Aktivitäten, sondern allein die Werthaftigkeit unseres Tuns. Zu bedenken ist aber auch, daß eine freie katholische Beratung vielen Berufenen die Möglichkeit eröffnet, sich da einzubringen, vor allem etwa Ärzten und Apothekerinnen, Lehrerinnen und geistlichen Seelenführern, Großmüttern und Großvätern ... Wo es aber um die praktische und wirksame Hilfe für Mütter und Kinder, ja für alle unsere gesellschaftlich unter Druck geratenen jungen Familien geht, sollte sich das ganze gläubige Volk einmütig und überzeugend in der Tat einbringen.

Alle Zeichen unserer Zeit, nicht nur die immense Zahl der im Mutterleib getöteten Kinder, sondern auch die erschreckend steigenden Zahlen bei den Scheidungswaisen, den verhaltensgestörten Jugendlichen, bei der organisierten wie der »privaten« Kriminalität, bei den Exzessen der Gewalt und des politischen Extremismus deuten auf ein immer noch weiteres Vordringen materialistischer Denkweisen, auf einen immer noch fortschreitenden Abschied von Gott, Sitte und Recht in unserer Gesellschaft.

Daß Politik und Politiker die vor Jahren schon beschworene »geistige Wende« nicht zu erbringen in der Lage sind, ist inzwischen wohl jedem Bürger klar geworden. Wer, wenn nicht die Kirche, kann jetzt noch die Stimme erheben, um zur Umkehr aufzurufen. Zur Umkehr zu Gott und zu seinen Geboten, die uns den Weg zum Heil zeigen, zu seinem Frieden und zu seiner Liebe, in der allein unsere Zukunft geboren ist. Als einen solchen Ruf möchte ich mein heutiges Wort verstanden wissen.

Bibliographische Notiz

Die vorliegende Textsammlung beruht auf teils unveröffentlichten Manuskripten bzw. Tonbandmitschnitten, teils auf bereits Gedrucktem. Der jeweilige Anlaß ist durch Ort und Zeit ausgewiesen.

Kinder Gottes sind wir. Predigt bei der Amtseinführung am 4. September 1983 auf dem Domplatz in Fulda.

Erst die Bekehrung, dann der Friede. Aus einer Ansprache bei der Jahrestagung von PAX-Christi im Bistum Fulda am 24. September 1983.

Aus Gottes Kraft Belastungsproben bestehen. Ansprache beim Treffen von Priestern aus dem KZ-Dachau am 4. Oktober 1983 in Fulda.

Werte aufzeigen. Predigt beim ökumenischen Gottesdienst anläßlich der Eröffnung des Hessischen Landtags in der Marktkirche in Wiesbaden am 13. Oktober 1983.

Ein neuer Anfang – Geschenk der Gnade Gottes. Predigt zum Heiligen Jahr der Versöhnung 1983.

Ein wenig eichenfällenden Mut. Predigt zur Eröffnung der Bonifatiuswallfahrten am 3. Juni 1984.

Das Antlitz der Erde erneuern. Beitrag zum Pfingstfest 1984.

Geist der Liebe zur Kirche. Predigt bei der Pater Rupert Mayer-Gedächtnisfeier am 6. Juli 1984 im Rahmen des 88. Deutschen Katholikentages in St. Michael zu München.

Herr, gib, daß ich dich kennenlerne. Predigt zum Patrozinium der Pfarrei St. Pius X. am 1. September 1984 in Fulda.

Voll Freude auf dem Weg. Predigt an Fronleichnam 1985.

Der Tod, eine zweite Geburt. Predigt bei einem Vespergottesdienst der ARD am 10. November 1985 aus der Michaelskirche in Fulda.

Priestersein. Predigt bei der Priesterweihe am 8. Dezember 1985 im Dom zu Fulda.

Kind der Armen. Predigt im Hessischen Rundfunk in der Christmette 1985.

Mittragen am Kreuz des Herrn. Predigt bei der Diözesanaltenwallfahrt am 24. Juni 1986 im Dom zu Fulda.

Die Kirche braucht Heilige. Predigt beim Hildegardisfest am 17. September 1986 in Eibingen.

Frieden. Bonifatiusbote Nr. 40 vom 5. Oktober 1986.

Narren. Bonifatiusbote Nr. 5 vom 1. Februar 1987.

Kirche in einer pluralistischen Gesellschaft. Vortrag auf Einladung des Übersee-Club in Hamburg am 3. März 1988.

Verantwortung von der kommenden Generation. Ansprache bei der Heidelsteinfeier des Rhönklubs am 10. September 1988.

Weitergabe des Glaubens. Predigt bei der Lioba-Wallfahrt des Katholischen Deutschen Frauenbundes am 27. September 1988 in Petersberg bei Fulda.

Die Zukunft Europas. Vortrag im Rahmen der Straßburger Gespräche am 14. November 1988.

Beratung. Bonifatiusbote Nr. 18 vom 5. Mai 1991.

Mit Kindern leben. Bonifatiusbote Nr. 35 vom 1. September 1991.

Fortschritt. Bonifatiusbote Nr. 1 vom 5. Januar 1992.

Den Schatz entdecken. Predigt zum Fest Mariä Himmelfahrt am 15. August 1992 im Dom zu Fulda.

Wir gehören dazu. Predigt zu Allerheiligen 1992.

Brief an Seminaristen. Bonifatiusbote Nr. 49 vom 6. Dezember 1992.

Feiertage. Bonifatiusbote Nr. 27 vom 4. Juli 1993.

Erklärung zur Abtreibungsgesetzgebung in Deutschland vom 29. September 1993.